더 나은 세상으로 가는 규칙

Le regole raccontate ai bambini
copyright ⓒ Giangiacomo Feltrinelli Editore, 2010
First published as Le regole raccontate ai bambini in October 2010
by Giangiacomo Feltrinelli Editore, Milan, Italy
Illustrations copyright ⓒ Ilaria Faccioli, 2010
Korean translation copyright ⓒ BookInFish Publishing Co., 2015
This korean translation rights arranged with Giangiacomo Feltrinelli Editore
through The ChoiceMaker Korean Co.

이 책의 한국어판 저작권은 초이스메이커코리아를 통해
Giangiacomo Feltrinelli Editore와 독점 계약한 책속물고기에 있습니다.
저작권법에 의해 한국 내에서 보호를 받는 저작물이므로 무단 전재와 무단 복제를 금합니다.

나몰라 아저씨, 여기서 이러시면 안 돼요!

| 더 나은 세상으로 가는 규칙 **|**

게라르도 콜롬보 · 마리나 모르푸르고 글 | 일라리아 파치올리 그림
김현주 옮김 | 박경신(참여연대 공익법센터 소장) 감수 · 추천

차례

규칙을 지키지 않는 유쾌폴리스 • 9

❶ 법과 규칙이 왜 필요한가요? • 14
- 01• 시간과 장소에 따라 다른 법률 • 17
- 02• 정의는 수많은 것을 의미해요 • 19
- 03• 그때도 법이 있었을까요? • 23
- 04• 나를 일깨우는 내면의 소리, 자연법 • 25
- 05• 정당한 절차로 만들어진 법이 진짜! • 27
- 06• 법은 모두의 것 • 29

❷ 사회를 움직이는 힘은 어디에 있나요? • 34
- 01▲ 수직사회가 뭐예요? • 35
- 02▲ 수평사회가 뭐예요? • 43
- 03▲ 수평적이면서도 수직적인 사회? • 54
- 04▲ 수직사회에서는 어떤 일들이 일어날까요? • 55
- 05▲ 수평사회에서는 어떤 일들이 일어날까요? • 64
- 06▲ 왜 수평사회를 달가워하지 않는 사람들이 있는 걸까요? • 67

07▲ 수직사회와 수평사회는 어떻게 다른가요? • 72

08▲ 수직사회에서 죄를 짓는다면? • 74

09▲ 수평사회에서 죄를 짓는다면? • 82

10▲ 피해자의 상처를 치료하려면 • 91

3 수평사회로 가는 길 • 99

01■ 세계 인권 선언 • 99

02■ 수평사회와 헌법 • 104

03■ 헌법에게는 멀고 힘든 길 • 108

04■ 우리는 어떤 것을 할 수 있을까요? • 115

| 추천사 |

어린이들이 법을 올바르게
이해할 수 있는 길잡이

'법'이란 굉장히 멀리에 있는 것 같지만 우리는 모두 법에 둘러싸인 채 살아가고 있어요. 아무리 어려워도 법과 규칙에 대해 알아야 하는 이유지요.

이 책은 법에 대해 갖게 되는 궁금증들을 쉽게 풀어서 설명해 주고 있어요. 법이 무엇 때문에 필요한지 밝혀 주고, 그에 따라 법이 살아 움직여야 한다고 말하고 있습니다. '법을 위한 법', '준수를 위한 법'이어서는 안 된다는 거지요. 또, 법이 사회의 불평등에 의해 어떻게 남용될 수 있는지도 알려 주며 심지어는 범죄와 불평등의 관계까지도 알려 줍니다.

"수직사회에서 처벌은 보통 신분 계단의 아래쪽에 있는 사람들에게 내려지죠. 이때 감옥은 범죄자들이 죄를 뉘우치고 사회 속으로 돌아가도록 돕기 위한 곳으로 여겨지지 않아요. 감옥에 갔던 사람은 죗값을 치르고 돌아와도 계속 소외당하기 일쑤죠."

그리고 법에 대한 불만, 사회에 대한 불만이 해결되지 않는 이유를 밝혀 주면서 우리 모두에게 자성을 촉구합니다.

'정의'가 좋은 거라는 것을 모두가 알지만 좋은 의미를 가진 '정의'라는 말 뒤에 숨어 나쁜 일들이 일어나는 상황은 모르는 사람들이 많아요. 이 책은 '정의'나 '민주사회'

의 겉모습이 아닌 내용이 중요하다는 점을 솔직하게 이야기하고, 우리가 스스로를 냉정하게 바라볼 수 있도록 도와줍니다.

법이 무엇이어야 하는가에 대해서 이 책이 말하고 있는 부분은 감수자인 제가 법에 대해 가지고 있는 생각과 똑같습니다. 모두가 동등한 사람이라는 종교와도 같은 굳은 믿음 속에서 각 사람이 자신이 원하는 대로 살 수 있도록 허용해 주는 것, 법이 이런 것이어야 모든 사람이 행복한 '수평사회'로 나아갈 수 있을 것입니다.

"수평사회의 바탕에는 인간은 누구나 그 존재 가치가 있고 모두의 인격이 존중받아야 한다는 이념이 있어요. 특별한 사람들이 따로 있는 것이 아니라 모든 사람들이 특별하다는 거지요. 이 특별함은 인류 전체와 관련된 거예요. 같은 인류라는 점에서 모든 사람들이 서로 동질감을 느낄 수 있어요."

어린이들이 법을 올바르게 이해할 수 있는 좋은 길잡이가 되겠습니다. 그리고 우리 모두를 수평사회로 안내해 주는 길잡이가 되기를 바랍니다. 출간을 축하합니다.

— 박경신 (참여연대 공익법센터 소장)

규칙을 지키지 않는 유쾌폴리스

어떤 일이든 원하는 대로 다 하면서 살 수 있다면 어떨까요? 하지 말아야 할 일도 없고, 좋아하는 것은 무엇이든 다 할 수 있다면 좋을까요?

'좋아요!'라고 대답하고 싶죠? 아직 대답하지 마세요. 잠깐만 기다려 보세요. 이 책을 읽고 나면 생각이 바뀔 수 있거든요.

지금부터 저와 함께 '유쾌폴리스'라는 도시로 가 볼까요?

'유쾌폴리스'는 조금 특별한 도시예요. 이 도시의 시민들은 규칙을 지키지 않아요. 규칙을 싫어하거든요. '유쾌폴리스' 시민들에게 규칙은 성가시게만 느껴지죠.

카페 주인 '거만한' 아저씨가 인도 위에 자동차를 주차하고 있군요. '거만한' 아저씨는 인도에 주차를 하면 사람들이 지나다니기에 불편하고 휠체어나 유아차가 지나갈 수 없다는 것을 잘 알아요. 하지만 '거만한' 아저씨에게 그런 것은 전혀 중요하지 않아요. 자기들이 알아서 지나다니라는 거죠! '거만한' 아저씨에게 중요한 것은 주차장에서 카페까지 걸어오는 게 귀찮다는 것뿐이에요.

이 지역 담당 경찰인 '지역구' 아저씨는 '거만한' 아저씨의 불법 주차를 눈감아 줘요. 매일 아침 '거만한' 아저씨의 카페에서 공짜 커피를 얻어 마시거든요. 그래서 이 정도는 못 본 척해 주는 거죠.

카페 건너편에서 '나몰라' 아저씨가 개를 산책시키고 있네요. 그런데 '나몰라' 아저씨의 개 보비가 인도에 똥을 쌌어요. '나몰라' 아저씨는 개똥을 치우기 위해 허리를 숙이고 싶지는 않은 모양입니다. '나몰라' 아저씨는 보비의 똥은 나몰라라 하고 그냥 가던 길을 가요. 분명히 '유쾌폴리스' 시장님이 오물 주머니와 삽을 가지고 다니면서 반려동물의 배설물을 직접 치우라고 안내문을 곳곳에 붙여 놓았는데도 말이죠.

그런데 이걸 어쩌죠? 보비의 똥이 있는 줄 모르고 지나던 '화가난' 아저씨가 개똥을 밟았어요. 신발 밑창에 개똥이 잔뜩 묻었죠. 화가 난 '화가난' 아저씨는 보도블록에 신발을 문질러요. 뭐 언젠가는 누군가 거리 청소를 하면서 치울 테니까요. '나몰라' 아저씨나 '화가난' 아저씨뿐 아니라 대부분의 시민들이 공공장소를 깨끗하게 유지하는 것에 관심이 없어서 이미 거리는 더러워져 있어요. 사람들은 죄책감을 전혀 느끼지 않죠.

한편 축구 경기장에서는 축구 결승전이 벌어지고 있어요. 우승팀은 '유쾌폴리스'의 문장이 새겨진 방패 모양의 배지를 받아요. 아니, 저게 무슨 일이죠? 심판이 '유쾌' 팀에 유리하도록 '폴리스' 팀에게 반칙 경고를 주네요. '폴리스' 팀 선수들은 반칙을 하지 않았어요. 하지만 심판이 지난주에 '유쾌' 팀의 회장으로부터 아주 비싼 금시계를 선물 받았거든요.

　이 '유쾌' 팀 회장은 이런 비싼 선물을 아무 부담 없이 한답니다. 실제로 버는 수입의 일부만 신고를 해서 세금을 조금만 내기 때문이죠. 나라를 속여서 세금을 적게 낼 수 있는데 자기만 정직하게 낸다면 바보가 되는 거라고 생각해요.

　한편 '무식한' 부인은 아들 '어쭈' 때문에 골치를 썩고 있어요. 학교에서 '어쩌라고'라는 친구와 주먹질을 하며 싸우거든요. 하루가 멀다 하고 코피를 흘리고 옷이 찢어져서 집에 돌아오는데, 담임 선생님은 두 아이를 떼어 놓기만 할 뿐입니다. 친구끼리 싸우는 게 잘못이라는 것을 말해 주지 않아요. 둘이 싸우고 싶어서 싸우는 건 두 아이의 일이지 학교나 선생님이 상관할 일이 아니라고 생각하거든요.

　'사기꾼' 아저씨네 집에서는 떠들썩하게 파티가 열리고 있어요. '사기꾼' 아저씨는 학교 급식실에서 일하는데 맛있는 햄을 몰래 빼돌려 집에 가져왔거든요. 아이들에게 배식하는 양을 조금씩 줄였기 때문에 아무도 햄이 없어진 것을 눈치채지 못할 거예요. 다른 사람들도 다 그렇게 하니까 사기꾼 아저씨는 이게 도둑질이라고 생각하지 않아요. 배식을 할 때 햄을 많이 주든 조금 주든, 아이들은 음식을 받으면 계속 앞쪽으로 이동하니까 누가 알겠어요.

이 파티에는 '뻔뻔한'이라는 사촌도 초대를 받았죠. 얼마 전에 퇴직을 하고 일을 하지 않는 '뻔뻔한' 아저씨는 파티 초대를 반깁니다. 아직 퇴직할 때가 되지 않았지만 퇴직 관리 사무소 소장에게 두툼한 돈 봉투를 건네고 퇴직 시기를 앞당겼어요. 그리고 연금 액수를 올려 달라고 부탁했어요. 그게 큰 잘못은 아니잖아요?

'유쾌폴리스'는 어떤 사람들에게는 살기 좋은 곳입니다. 하지만 규칙을 잘 지키는 몇몇 사람들에게는 살기 힘든 곳이죠. 사기꾼과 권력을 남용하는 사람들이 더 많은 이익을 가져가니까요.

이 책에서 우리는 규칙이 없어지면 어떤 결과가 발생하는지, 그리고 권력과 술수, 돈이 승리하는 세상은 어떤지 살펴볼 거예요. 그 과정에서 규칙과 법이 어떻게 만들어졌는지 배울 수 있어요. 그리고 우리가 지키는 규칙들이 언제나 옳고 가치 있는 것인지를 알아보고, 때에 따라 엄청나게 부당한 건 아닌지 살펴보려고 해요.

❶ 법과 규칙이 왜 필요한가요?

마음 내키는 대로 사는 게 좋을까요? 물론 좋아하는 사람도 있겠죠. 하지만 다른 사람들과 함께 어울려 살아가려면 규칙은 반드시 있어야 한답니다.

한 시간이 60분인 것도 하나의 규칙이에요. 한 시간이 몇 분인지 정해 놓지 않고, 모두가 다르게 쓴다고 생각해 봐요. 예를 들어 어떤 사람은 한 시간이 32분이라고 정하고, 또 어떤 사람은 89분이라고 정하면 둘이 약속을 잡을 때 정말 골치 아프겠죠!

또, 언어라는 규칙이 없다면 어떻게 될까요? 예를 들어 '엉뚱이'는 '집'을 '치킨'이라 부르고 '태양'을 '비'라고 불러요. 한편 '똑딱이'는 과거에 있었던 일을 앞으로 할 일처럼 말해요. 그렇다면 '엉뚱이'와 '똑딱이'는 대화를 할 수 있을까요? 의사소통이 전혀 안 될 거예요.

사람들이 모인 곳이라면 어디든 규칙이 필요한 이유가 바로 이것 때문이랍니다. 친구들과 공을 가지고 놀 때도 경기 규칙이 있고, 여러분이 사는 아파트나 다세대 주택처럼 여럿이 함께 사는 공동 주택에도 서로 지켜야 할 규칙이 있어요. 예를 들어 아파트에서 쿵쿵 뛰면 아래층 사람이 불편을 겪게 되지요. 그래서 되도록 발소리가 덜 나게 다니는 것이 예의이며 규칙

이죠.

 심지어 나쁜 일을 하는 범죄자들 사이에도 엄격한 규칙이 있답니다. 경찰이랑 얘기만 나눠도 배신자 취급을 한다든가 하는 그들만의 규칙이요.

 우리는 세상에 대한 이야기를 할 때 '규칙', '법', 혹은 '합법성'에 대해 말합니다. 이 말들은 좋은 말일까요, 나쁜 말일까요? 그건 때에 따라 달라요. 이 말들은 좋을 수도, 때로는 나쁠 수도 있어요.

 예전에는 노예를 두는 것을 허락하는 법이 있었어요. 모든 사람이 평등하다는 것을 아는 지금은 그런 법이 없지요. 그래서 지금 누군가가 노예를 둔다면 '불법'이에요. 하지만 노예를 둬도 된다는 법이 있었던 때에는 '합법'이었어요. 같은 행동을 했는데도 정반대의 평가를 받지요. 그래도 예전과 지금의 공통점은 '법을 지키는 것이 바로 합법'이라는 점이에요. 이게 바로 법과 규칙의 기본이랍니다.

01 시간과 장소에 따라 다른 법률

'합법성'은 무엇을 말하는 걸까요? '법을 존중한다'는 의미가 담겨 있는 이 말은 시민들이 법에 대해 갖는 태도를 가리켜요. '법'이란 또 무엇일까요? 법은 상자와 비슷한 거예요. 중요한 것은 법이 아니라 법이라는 상자 안에 담긴 내용물이죠. 이 내용물이 늘 같지는 않아요.

법과 규칙이 언제, 어디서나 똑같은 것은 아니에요. 나라마다 법과 규칙이 다르고, 또 한 나라 안에서도 시대에 따라 바뀌기도 해요.

전체주의*가 나라를 지배하던 시대인 1938년, 이탈리아에서는 '인종차별법'이 승인된 적이 있어요. 유대인들이 이탈리아 사람들과 함께 사는 것을 금지하는 법이었죠. 예를 들어 유대인 어린이와 청소년들은 학교를 다닐 수 없었고, 교사 자격이 충분해도 유대인이면 학생들을 가르칠 수 없었어요.

유대인과 다른 인종 간의 결혼도 금지했고요. 이 법들은 이탈리아 전체주의인 파시즘이 몰락하면서 없어졌어요.

그러니까 이탈리아에서는 유대인을 차별하고 무시하는 행동이 처음에는 '합법'이었다가 인종차별법이 없어진 나중에는 '불법'이 됐어요.

미국에서는 1865년까지 노예 소유를 허락하는 주가 있었어요. 하지만 미국 수정 헌법 13조가 제정되면서 노예에 대한 법률이 불법이 됐죠. 수정 헌법 13조에는 미국에서는 어떤 노예 제도도 금지한다고 되어 있어요.

사형 집행의 경우, 어떤 나라에는 사형 제도가 있고, 또 어떤 나라에서는 사형 제도 자체가 사라졌어요. 나라에 따라서 사형이 '합법'일 수도, '불법'일 수도 있는 거지요.

살펴보았듯 법은 시대에 따라 변했고, 같은 행동도 어떤 나라의 법이 기준인지에 따라서 판단이 달라지기도 해요. 한 사회를 지배하는 법과 규칙 모두가 좋은 것인지, 나쁜 것인지 우리가 판단할 수 있을까요? 또한 법률이 유지되어야 하는지 바뀌어야 하는지, 또 그 법을 우리가 지켜야 하는지 아닌지 알게 하는 신호 같은 것이 있을까요?

tip 전체주의

개인의 모든 활동은 민족, 국가와 같은 전체를 위해서만 존재한다는 사상. 그래서 개인의 자유는 무시되고 억압된다. 제1차 세계대전 이후 이탈리아의 파시즘과 독일의 나치즘, 일본의 군국주의가 대표적인 전체주의다.

02 정의는 수많은 것을 의미해요

　이제 또 다른 단어에 대해 알아볼까요? 우리가 알아볼 말은 '정의'예요. 정의도 앞에서 살펴본 다른 말들처럼 다양한 의미를 가지고 있어요. 정의는 우리의 간절한 바람을 가리킬 때 쓰이는 말이기도 하죠. 세상이 정의로웠으면 좋겠다거나 사회에는 정의가 있어야 한다고 사람들이 말하는 것을 들어본 적이 있을 거예요. 사람들은 정의를 통해 누가 옳고 누가 잘못했는지를 판가름할 수 있다고 생각하죠. 정의는 범죄를 저질렀다고 의심되는 사람이 정말 잘못을 한 것인지 결정한답니다.

　예를 들어 어느 부자 아저씨가 바닷가에 있는 자기 땅에 집을 지으려고 해요. 그런데 그 지역은 환경을 보호하기 위해 집 짓는 것을 금지한 땅이에요. 공사를 시작하려고 할 때 시청에서 나온 공무원이 여기에 집을 지으면 안 된다고 말했어요. 하지만 부자 아저씨는 자기 땅이니까 마음대로 하겠다며 결국 멋진 집을 완성했죠. 시청에서는 이 집이 불법 건축물이라며 헐라고 명령했어요. 여기에 부자 아저씨는 부당하다며 항의했고요. 이때 부자 아저씨와 시청 중에서 누가 옳은지 재판을 거쳐 결정하는 것이 정의예요. 어느 쪽이 옳은지, 어떻게 처리하는 것이 좋을지 결정하는 과정에서 정의는 한 가지 모습이 아니에요. 판사, 변호사, 경찰, 검찰 등 재판에 관여하는 사람들, 문제를 판단하기 위한 법률, 재판 일정을 정하고 당사자들에게 알려 주는 절차 등 정의는 수많은 모습으로 존재해요. 어떤 일을 정의롭게 해결하려면 그 과정에 있는 모든 사람들과 절차가 정의롭고 정당해야 하거든요.

　어떤 나라에 '정의가 없다'는 말은 법률이 부당하고 정의롭지 않다는 말이기도 하고, 반대로 정당한 법률은 있지만 절차가 정의롭지 않아 법률이 가진 정의가 힘을 발휘하지 못한다는 말이기도 해요.

예를 들어 법률은 허용하지 않는데 노인을 때리거나, 일하는 사람에게 월급을 주지 않거나, 부유한 사람들이 가난한 사람들의 돈을 빼앗아도 처벌을 받지 않는다면 법률은 있으나 정의는 없다고 할 수 있죠. 그런데 한 가지 문제가 있어요. 말로는 누구나 정의를 원한다고 하죠. 불의를 좋아한다고 말하는 사람은 없을 거예요. 하지만 역사를 살펴보면 정의를 핑계 삼은 끔찍한 일들이 벌어졌지요. 마치 '정의'가 모든 것을 아름답게 만드는 마법의 말처럼 사용된 거죠.

중세 시대 종교 재판에서 마녀나 이단으로 몰아 수천 명을 고문하고 죽인 일도 정의를 위해서라고 말했죠. 독일이 전체주의에 물들어 있던 시절 나치스* 지도자인 히틀러는 자신들의 정책에 동의하지 않는다는 이유만으로 집시 같은 유랑 민족을 비롯해 정신질환자, 동성애자와 유대인 등 수백만 명을 마구 죽였어요. 그때 히틀러도 정의를 내세웠지요. 그리고 1945년 제2차 세계대전이 끝날 때도 연합군이 정의라는 이름으로 일본의 두 도시, 히로시마와 나가사키에 원자폭탄을 떨어뜨렸어요. 이 일로 수천 명이 혹독한 고통에 시달리다가 죽음을 맞이했죠.

우리가 아는 최악의 독재자들도 정의를 외치기는 마찬가지였어요. 1973년 대통령을 몰아내고 쿠데타를 일으킨 칠레의 아우구스토 피노체트 장군이나 1976년부터 1983년까지 정치적 이념이 다르다는 죄로 수천 명을 세상에서 사라지게 만든 아르헨티나의 군사 정권도 정의를 내세웠고요.

이 시대에 사람들이 정의라는 이름을 내세우고 벌인 일이 다른 사람들을

속이기 위해서나 위선자이기 때문은 아니에요. 자기들이 하는 행동이 정말 정의를 따르는 행동이라고 믿는 경우가 많거든요.

정의에 대한 사고방식이 무척 다양하고, 정의라는 말 자체의 근본적인 의미가 무엇인지를 이해하는 것도 쉽지 않을 거예요. 그렇다면 모든 사람들이 잘 살 수 있는 정의란 어떤 것일까요? 아마 여러분도 그런 정의를 정확하게 설명할 수 있는 방법이 있는지 궁금할 거예요.

tip 나치스

히틀러를 당수로 한 독일의 전체주의 정당. 1919년에 결성되어 반민주·반공산·반유대주의를 내세운 독일 민족 지상주의와 강력한 국가주의를 바탕으로 1933년에 정권을 잡고 독재 체제를 확립하였으며, 1939년 제2차 세계대전을 일으켰으나 1945년에 패전하여 사라졌다.

03 그때도 법이 있었을까요?

인류의 역사가 시작될 무렵에는 법이나 규칙들을 정하는 것이 그다지 어렵지 않았을 거예요. 지금과는 비교도 안 될 만큼 사람들의 생활이 단순했을 테니까요. 지켜야 할 규칙이 많지 않았을지도 몰라요. 단순한 사회였던 만큼 힘센 사람이 원하는 게 바로 법이었을 수도 있고요. 이런 시대에도 사람들은 신을 믿었어요. 신이 내려 준 법이 있다면 이것이 가장 중요하고 높은 법이겠죠.

시간이 한참 흐른 후에 성직자들이 세상에 나타났어요. 성직자는 신과 사람들 사이에서 다리가 되어 주는 종교 지도자예요. 성직자들은 자신들이 판단하기에 신이 원한다고 생각되는 것들을 사람들에게 전달하는 임무를 갖고 있었죠. 성직자들이 전해 주는 법과 규칙도 신의 말에 따른 것이기 때문

에 신성하고 중요하게 여겼어요.

옛날 사람들은 왕, 성직자 등 권력을 장악하고 있는 사람들이 신과 특별한 관계라고 생각했어요. 믿기 힘들겠지만 그런 믿음은 꽤 오래 지속됐죠. 그들을 지배자로 선택한 것이 신이고, 그래서 그들이 만든 법은 신성한 정당성을 갖고 있다고 생각했답니다. 하지만 이런 시대에도 법을 지키며 사는 것이 쉽고 간단하기만 하지는 않았어요.

신성한 규칙들 속에 담긴 신의 말은 사랑과 형제애에 관한 것이기도 하지만, 때로는 적을 무너뜨리라 말하기도 했거든요. 이럴 때는 어떻게 하는 것이 옳은 것일까요? 그러나 사람들은 혼란스러워하지 않았어요. 신이 내린 규칙 중에서 각자 원하는 것과 필요한 것에 따라 자신들에게 와닿는 말을 선택했답니다. 그래서 신의 규칙을 따르기 위해 이웃을 돕고 사랑하는 사람이 있는 반면, 잔인한 행동을 하는 사람들도 있었죠.

04 나를 일깨우는 내면의 소리, 자연법

하지만 고대 그리스 시대부터 법률에 대해 다른 생각을 가진 사람들이 서서히 나타나기 시작했어요. 모든 인간은 태어날 때부터 '남을 해치는 것은 착한 일이 아니다', '도둑질도 착한 일이 아니다', '부모님을 때리는 것도 착한 일이 아니다' 등 하면 안 되는 일들을 일러주는 내면의 소리가 있다는 생각을 했어요. 그렇다고 신의 존재가 사라진 것은 아니었지요. 한쪽으로 조

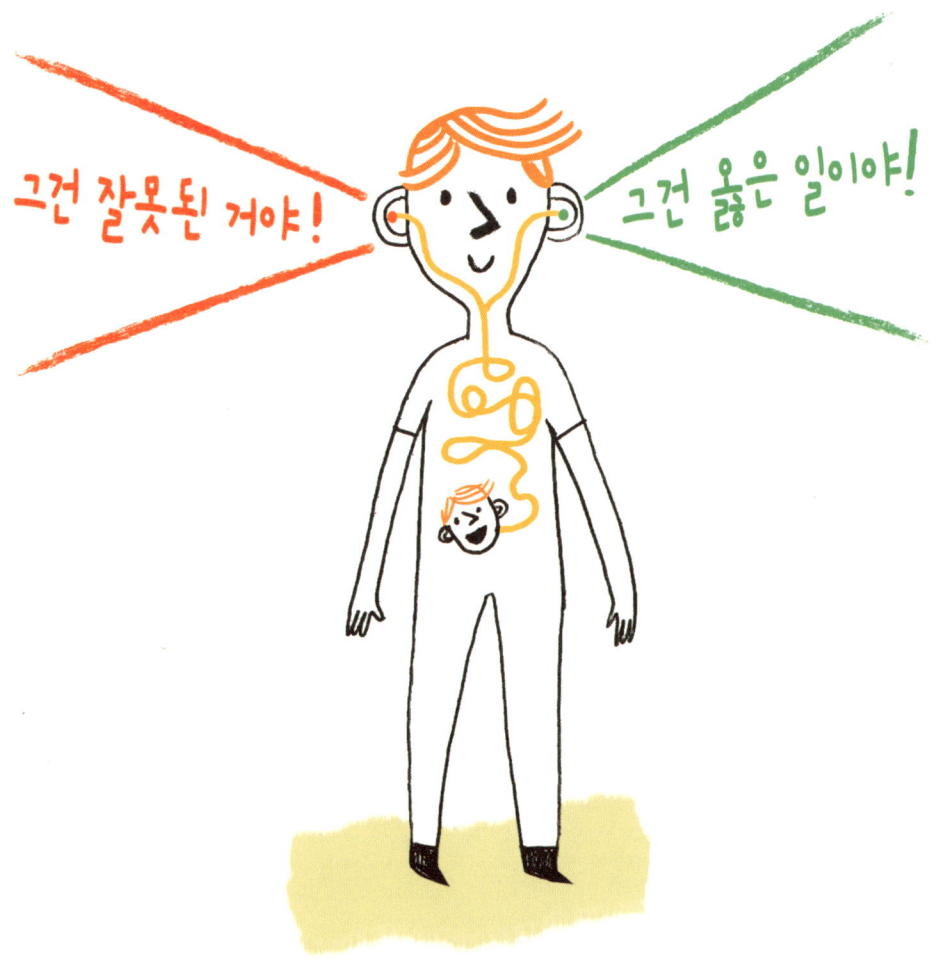

금 밀려났을 뿐, 기본적으로 인간의 마음에 내면의 소리와 생각을 부여한 것이 신이라고 생각했답니다.

인간에게 신의 목소리로 일깨워 주는 행동 규칙들을 '자연법'이라고 불러요. 숨을 쉬고 음식을 먹고 잠을 자는 것처럼 자연스럽게 인간은 옳고 그름을 판단할 수 있다고 생각했죠.

그런데 자연법에도 문제는 있었어요. 각자 갖고 있는 내면의 소리가 다른 사람들과 늘 일치하지는 않았어요. 세상은 넓고, 사람도 많고, 다양한 민족이 존재하는데, 이 목소리가 항상 같은 말을 하는 게 아니었거든요. 어떤 상황에서는 오히려 완전히 반대되는 말을 할 때도 있었어요. 모든 사람의 마음에 살인을 하거나 도둑질을 하면 안 된다고 쓰여 있는 건 아니었으니까요. 그래서 모든 인간이 공통적으로 갖고 있는 자연법은 없다는 것을 알게 된 거죠.

05 정당한 절차로 만들어진 법이 진짜!

 어떤 법이 정당한지, 혹은 부당한지를 확실하게 결정하기는 너무 어려웠어요. 더 이상 자연법이 말하는 내용으로 사람들의 잘잘못을 판단할 수 없게 된 거죠. 그래서 새로 법을 만들어 법을 판단해야 했지요. 법을 새로 만든다는 것은 어떤 일일까요?

 새로 사 온 케이크의 맛을 평가해야 한다고 생각해 봐요. 케이크의 맛만 중요하게 여기는 사람은 맛을 보고 나서 맛이 있는지 없는지만 가지고 판단할 거예요. 어떻게 만드는지 만드는 과정을 중요하게 여기는 사람은 케이크를 만드는 사람이 손을 씻고 깨끗한 그릇을 사용했는지, 요리책에 적힌 대로 오븐 온도와 시간을 제대로 맞춰 구웠는지를 보고 평가할 거예요. 간단

히 말하면 케이크 요리법을 모두 정확히 지켰는지를 보는 거죠.

케이크의 맛도 중요하지만 깨끗하게 잘 만들어졌는지도 중요하지요. 이제 케이크 대신 법을 만드는 과정에 대해서 이야기해 볼까요?

어떤 법을 만들 때, 법이 정의를 얼마만큼이나 잘 지켜 줄 수 있는지도 중요하지만, 법을 만드는 과정도 깨끗하고 정당해야 해요. 법이 일부 사람들의 이익만 지켜 주지 않으려면 모두의 목소리를 담은 법을 만들어야겠지요. 법을 만드는 정당한 절차란 모두의 목소리를 담을 수 있는 절차를 말해요.

한국에서 법을 만드는 일은 국회에서 해요. 국회의 구성원인 국회의원은 국민들이 투표를 통해 선택한 사람들이지요. 그러니까 국회의원들은 수많은 국민들의 목소리를 대신 내 주는 사람이라고 할 수 있어요. 그래서 국회에서 만든 법이 정당하다고 말할 수 있는 거지요. 법을 만드는 방법을 살펴볼까요? 국회의원이 어떤 법안을 작성해서 국회에 제안하면 국회에서 그것을 검토해요. 그리고 국회의원들이 법안에 대해 투표하고, 투표한 사람들 중에서 대부분의 사람들이 동의해야 온전한 법률이 돼요. 법을 만드는 데 필요한 국회의원의 수나 동의한 사람 수도 모두 법으로 정해 두었답니다. 여기에 맞지 않으면 법은 무효가 돼요.

06 법은 모두의 것

아주 오래전에는 왕들이 아주 강한 권력을 갖고 있었고, 왕은 법률을 만들고 정의를 지배하고 관리했답니다. 백성들의 삶과 죽음이 모두 왕의 손에 달려 있었죠. 그 누구도 왕이 하는 일을 통제하지 못했어요. 많은 나라들이 그랬답니다. 그런데 몇몇 학자와 사상가들은 너무 오랫동안 왕이나 성직자 같은 사람들이 자신들의 생각을 대신해 모든 일을 결정했다고 말하기 시작했어요.

이런 생각을 가진 사람들을 '계몽주의자*'라고 불렀어요. 계몽주의자들은 모든 사람들이 생각과 행동의 자유를 가지기를 바랐어요. 그리고 권력자들

몽테스키외
1689~1755

이 보통 사람들에게도 이성이 있다는 것을 깨닫기를 바랐고요. 사람들의 이성이 비록 왕이나 성직자들의 이익에 방해가 된다 해도 말이죠.

1700년대 프랑스에 '샤를 루이 드 스콩다 바론 드 라 브레드 에 드 몽테스키외'라는 길고 복잡한 이름을 가진 한 신사가 있었어요. 몽테스키외는 권력을 갖지 못한 사람들의 생각과 행동이 자유롭게 표현되어 힘을 가진 주체로 변신하는 길을 제시했어요. 몽테스키외는 나라를 좌우하는 힘을 왕 혼자서만 가져서는 안 되고, 여러 곳에서 나눠 가져야 한다고 주장했어요. 법을 만드는 임무를 지닌 사람과 지배해야 하는 사람, 그리고 법이 잘 적용되고 있는지 감독해야 하는 사람에게도 권력이 나뉘어야 한다는 거였죠.

이때 권력은 셋으로 나뉘어요. 첫 번째는 법을 만드는 사람에게 주어지는 '입법권'이고, 두 번째는 법을 운영하는 사람에게 부여되는 '행정권', 그리고

마지막 세 번째는 법이 적용되고 있는 상황을 감독하는 '사법권'이랍니다.

이렇게 권력을 나누는 것을 '삼권 분립'이라고 해요. 세 가지 권력은 모두 중요하고 강력한 힘이지만 세 군데로 나뉘어 있기 때문에 왕이 모든 권력을 가지고 있을 때처럼 변덕을 부리거나 욕심에 휘둘리지 않았어요. 누가 정당하지 않은 일을 하는지 세 권력은 서로를 지켜보게끔 되어 있거든요. 삼권 분립이 없었다면 우리는 지금처럼 모든 사람에게 권리와 의무를 주는 사회에서 살 수 없었을 거예요.

권력을 나누자는 몽테스키외의 생각은 점점 더 많은 사람들이 자신들의 생각을 자유롭게 표현하도록 만들었어요. 새로운 법을 만드는 일도 통치자의 손에서 의회로 이동했고요.

의회를 구성하는 의원도 시민들이 뽑기 시작했어요. 처음에는 몇 명만 투표에 참여했는데 시간이 지나 모든 성인들에게 투표할 권리가 생겼죠. 이렇게 시민들이 선택한 사람들이 만든 법은 정당할 거라고 생각했어요. 한 사람이 만든 법이 아니라 시민들이 모두를 위해 만든 것이나 마찬가지니까요.

하지만 사실 모든 시민이 법에 대해 똑같이 생각을 하는 것은 아니에요. 다수의 의견을 따르는 것뿐이죠.

예를 들어 네 친구가 돈을 모아 간식을 사 먹기로 했다고 해 봐요. 민호는 오렌지 주스를 마시고 싶은데 철수와 영호, 성규는 아이스크림을 먹고 싶다는 거예요. 이때 철수, 영호, 성규는 네 사람 중 세 사람으로 '다수'가 되니까 민호는 이 세 사람의 선택을 따라야 해요. 다 같이 모은 돈이니까 민호 한 사람의 의견보다는 나머지 세 사람의 의견을 따르게 되는 거지요. 이런 방식을 '다수결'이라고 해요.

의회에서도 다수결로 법안을 통과시킬지 말지를 정한답니다. 의회에서 어떤 법이 만들어졌다는 것은 의원 다수의 의견이 담겨 있고, 이것은 또한 국민 다수의 의견이 담겨 있다는 것을 의미해요. 대다수 사람들의 의견이 담겨 있으니 당연히 정당하고요.

하지만 여기에도 위험 요소가 있어요. 다수의 시민이라고 해도 늘 옳기만 할 수는 없을 거예요. 만약에 키가 큰 시민들이 뽑은 키가 큰 의원들이 키가 작은 사람은 교사가 될 수 없다는 법을 만든다면 어떻게 될까요? 물론 실제로는 이런 얼토당토않은 법이 만들어지지는 않겠죠. 하지만 이런 일이 절대로 벌어지지 않을 거라고 믿을 수는 없답니다. 다수결 방식은 정당하지만 만약 이런 일이 일어난다면 문제가 될 수 있겠죠?

> **tip 계몽주의**
>
> 16~18세기에 교회의 권위에 바탕을 둔 구시대적인 사상과 특권, 제도에 반대하여 유럽 전역에 일어난 사상. 사람들이 합리적인 생각을 할 수 있다고 믿었으며, 이런 생각을 널리 깨우쳐서 사회를 발전시키려고 했다.

2 사회를 움직이는 힘은 어디에 있나요?

 사람들이 왜 정의에 대해 각각 다른 생각을 하는지, 왜 이 사람에게는 정당한 것이 다른 사람에게는 부당해 보이는지 이해가 되지 않을 수도 있어요. 세상에는 정말 많은 사람들이 있고, 저마다 다른 생각을 가지고 살아가요. 그 점을 생각하면 이상할 것도 없죠.
 이런 다양한 생각은 법에 아주 큰 영향을 끼치지만 수직사회와 수평사회에서는 사람들의 생각을 받아들이는 방식이 많이 달라요.

01 수직사회가 뭐예요?

강자

약자

 어떤 사람들은 사람이 동물의 한 종류라고 말해요. 우리를 늑대나 사슴, 혹은 코끼리로 보는 거죠. 동물들의 사회에서는 힘이 센 동물이 약한 동물을 지배하며 살아요. 사람을 동물처럼 생각하는 사람들에게 우리 각자는 중요하지 않아요. 동물들처럼 힘을 비교해서 우두머리를 가려내지요. 사람을 동물이라고 생각하는 사람들은 강자는 점점 강해진다고 믿어요. 힘이 더 세고 더 영리하고 더 큰 권력을 가진 사람들은 살아남고, 약자들은 사라진다고 생각하는 거예요.

자연에서는 절름발이 늑대나 늙은 사슴, 다친 고라니는 죽게 되기 마련이에요. 강한 동물들이 약한 동물까지 돌보지는 않기 때문이에요. 그러니까 건강하고 영리하고 강한 생명체로 이루어진 세상을 만들고 싶다면 자연 그대로 두고 방해할 필요가 전혀 없죠.

이런 논리로 본다면 사람들의 사회에서도 약한 사람을 돌볼 필요가 없는 거예요. 이런 사람들은 세상에 강자만 살아남아 계층적 사회가 되기를 바라지요. 계층적이라는 게 무슨 말일까요? 계단을 머릿속에 그려 보세요. 아래쪽 계단에는 약한 사람들이 있고, 위쪽 계단에는 강한 사람들이 자리 잡아요. 위쪽에 있는 사람은 명령을 하고 아래쪽에 있는 사람은 복종만 해요. 그

리고 계단의 가장 위에는 무리의 우두머리인 대장 한 사람만 있죠. 동물의 세계와 하나도 다를 게 없어요.

　이런 상황이라면 위에 있는 사람은 아래에 있는 사람이 느끼는 감정을 전혀 느끼지 못하겠지요. 어떤 사람을 대할 때, 그 사람이 어떤 자리에 있느냐에 따라 달라지고, 아래쪽에 있는 사람을 부리거나 무시하기만 하죠.

　아주 오랫동안 노예와 흑인, 여성, 가난한 서민들은 가장 아래쪽에만 있었어요. 힘든 위치지요. 남아프리카공화국에서는 불과 몇 년 전까지도 이런 괴로운 일들이 일어났어요. 백인의 수가 전체 인구의 5분의 1밖에 되지 않지만 5분의 4에 해당하는 땅을 가지고 있었어요. 그리고 이 나라에서 생기는 돈이 거의 다 백인의 주머니 속으로 들어갔죠. 흑인 어린이들의 사망률이 백인 어린이보다 훨씬 높았고, 피부색이 어두운 사람들은 경찰의 감시하에 더럽고 좁은 마을에 살아야 했어요.

　이렇게 계단식으로 구성된 사회에서 아래쪽에 놓인 사람들은 무시를 당하고 참기 힘들 정도로 불편한 삶을 살아야 한답니다.

　계단의 아래쪽에 있는 사람들은 위에 있는 사람들을 더 강하게 만들어 주

는 수단으로만 여겨져요. 그래서 위쪽에 있는 사람들이 아래쪽에 있는 어떤 사람들을 싫어하면 세상에 필요 없다고 여기기도 해요.

독일의 히틀러가 유대인 수백만 명을 죽인 이유도 그것 때문이었어요. 유대인들이 싫어서였어요. 소련의 스탈린이나 중국의 마오쩌둥 같은 독재자들도 마찬가지예요. 자기보다 힘이 약한 사람들 중에 마음에 들지 않는 사람을 해쳤죠. 그럴싸해 보이는 이유를 대지만 다른 사람들은 안중에 없고 자기 생각만 하기 때문이에요.

이렇게 강자들만 살아남는 현상이 독재 정권에서만 일어나는 것은 아니에요. 회사나 작은 단체에서도 경쟁이 심해지면 충분히 발생할 수 있죠.

'경쟁'이란 쉽게 말해 운동 경기를 하는 것과 비슷해요. 경기에는 이긴 사람과 진 사람이 있잖아요. 이기기 위해 애쓰고 다투는 것이 바로 경쟁이지요.

 우리 삶을 경기와 같다고 생각해 보면 다른 사람들을 이기고 가장 높은 계단에 올라가는 것을 목표로 삼을 거예요. 누구나 더 똑똑해져서 직장, 학교, 여가 시간에도 다른 사람들을 이기고 싶어 하겠죠.
 경기에서 진 사람은 어떻게 될까요? 아래쪽으로 밀려납니다. 그리고 계단 가장 밑에 있게 되겠죠. 그중에서 어떤 사람들은 불필요한 존재로 여겨져 아예 경쟁에 참여할 기회조차 허락되지 않을 수도 있어요. 히틀러가 유대인들을 모아 수용소에 가뒀던 일처럼요.
 이런 사회는 피라미드 모양을 하고 있어요. 아주 많은 사람들이 속한 아래쪽은 넓고 위쪽으로 올라갈수록 좁아지는 모양이지요. 아래쪽에 있는 사람들은 위쪽에서 무슨 일이 생기는지 잘 모르죠. 위에서 아래로는 정보를 주지 않기 때문이랍니다. 이런 사회는 창문도 없는 시멘트 벽으로 둘러싸인 성과 같아서 방 안에 있으면 밖에 뭐가 있는지 전혀 보이지 않죠. 피라미드

　아래쪽 사람들은 아무것도 모른 채 살기 때문에 반항할 수 없고 자신들의 의견을 내놓을 수도 없는 거랍니다.

　수직사회, 혹은 피라미드형 사회는 만들기가 아주 쉬워요. 과거의 세계는 수직으로 구성되어 있었어요. 수직사회에서는 아래쪽에 있는 사람들이 위쪽 사람들의 말을 무조건 따르고 받아들였어요. 그래서 갈등이나 싸움이 거의 일어나지 않았어요.

　위쪽에 있는 사람들은 꾸준히 자기들의 이익을 추구하지만, 아래에 있는 사람들은 이런 사실을 전혀 모르게끔 사회를 운영해요.

이런 수직 체계는 한 나라뿐 아니라 세계 전체에도 적용될 수 있습니다. 인류 역사에서 수많은 종족과 민족, 국가들이 더 높은 층을 차지하려고 서로 경쟁을 벌였어요. 그래서 전쟁과 추방, 대학살*이 일어났죠. 하지만 지난 역사를 보면 언제나 민족들 간의 경쟁 속에서 늘 강자만 승리하는 것은 아니었답니다.

　문명과 민주주의의 수호자로 여겨지는 그리스 철학자 아리스토텔레스나 소크라테스, 플라톤도 인류가 노예와 자유인으로 나뉜다고 했어요. 위대한 철학자들도 계층이 나뉜 세상이 익숙했던 거죠. 우리가 사는 사회가 계단 같은 피라미드 형태가 아니라 모두가 같은 높이에 서 있는 수평사회여야 한다는 새로운 사고방식은 아주 최근에 나타났답니다.

tip 대학살

　학살은 사람을 무자비하고 가혹하게 마구 죽이는 것을 말한다. 대학살이란 아주아주 많은 사람들을 학살한 것. 역사에서 일어난 대학살의 원인은 여러 가지가 있지만 어떤 이유로도 사람을 마구 죽이는 일은 일어나서는 안 되는 일이다.

02 수평사회가 뭐예요?

 '수평사회'는 수직사회와 어떤 점이 다를까요? 수평사회는 등급이 없고 강자가 특별한 자리를 차지하지 않습니다. 약자를 도구나 성가신 존재로 여기지도 않아요. 수평사회는 사회 구성을 구성하는 모든 사람들에게 주의를 기울이죠. 그리고 모두가 각자의 자리에서 자신이 할 수 있는 일을 열심히 합니다. 그런 노력들이 모여 사람과 사회가 발전해요.

 수평사회의 바탕에는 인간은 누구나 그 존재 가치가 있고 모두의 인격이 존중받아야 한다는 이념이 있어요. 특별한 사람들이 따로 있는 것이 아니라 모든 사람들이 특별하다는 거지요. 이 특별함은 인류 전체와 관련된 거예요. 같은 인류라는 점에서 모든 사람들이 서로 동질감을 느낄 수 있어요.

 한 성씨를 가졌거나 같은 축구팀의 팬이라서, 혹은 같은 학교를 다니고 있어서, 같은 황인종이기 때문에 동질감을 느끼는 것은 당연하죠. 하지만 나와 외모와 생각이 완전히 달라서 언뜻 생각하기에는 전혀 닮은 것 같지 않은 사람들과도 분명 비슷한 점이 있답니다.

이런 수평사회에서는 어떤 사람이 고통을 받고 있는 것을 보면 그 사람에 대해 잘 모르더라도 같이 슬픔을 느끼고, 이 사람이 고통을 이겨 내고 행복해진 것을 보며 함께 기뻐하게 되죠. 내 일이 아닌데도 말이에요. 이런 감정들을 '연대감'이라고 부를 수 있습니다. 연대감이 있어 우리는 잘 모르더라도 어려움에 처한 먼 나라의 사람도 도울 수 있고, 필요할 경우에는 반대로 도움을 받을 수 있어요. 오래전 한국에 전쟁이 일어나서 많은 사람들이 죽고 다쳤을 때, 수많은 나라들이 한국을 돕기 위해 나서 주었지요. 마찬가지로 한국도 다른 나라에 어려운 일이 생겼을 때 세계와 함께 도움의 손길을 내민답니다.

이렇게 세계는 언제라도 어려운 문제가 생기면 서로를 도울 준비가 되어 있는 거대한 가족, 혹은 진심으로 우정을 나누는 거대한 이웃이 되어 가고 있답니다.

물론 애정이나 연대감이 늘 똑같지는 않아요. 당연히 가까운 사람들에게 느끼는 감정이 더 크겠죠. 하지만 수천 킬로미터 떨어진 곳에서라도 끔찍한 지진이나 해일, 전쟁이 일어나면 누구나 마음이 아프기 마련이에요.

예를 들어 고속도로를 달리다 교통사고가 일어난 현장을 보면 사람이 다치지는 않았는지 걱정하고, 다쳤다면 빨리 회복되기를 빌게 되지요. 직접 보지 못하는 일이어도 안타까움을 함께 느끼는 것은 마찬가지예요. 아이티와 네팔에 지진이 났을 때도, 아프리카 르완다에서 내전이 일어나 많은 사람들이 죽었을 때도 우리는 모두 안타까워했어요.

시간이 흘렀다고 해서 아픈 마음이 사라지는 것도 아니에요. 시민들이 정부를 비난했다는 이유만으로 아르헨티나 군사 독재 정부가 수많은 사람들을 사라지게 만들었을 때도 사람들은 마음이 아팠어요. 이제는 세월이 꽤 많이 흘렀지만 그때 사라진 자식들을 찾아 헤매는 어머니들이 아직도 있다는 것을 생각하면 여전히 안타깝기만 합니다.

그리고 제2차 세계대전 말, 1945년 8월 미군이 공중에서 원자폭탄을 투하한 일본의 히로시마와 나가사키의 주민들이 겪었을 고통을 떠올려 봐도 마음이 아프죠.

신문이나 뉴스에서 물에 빠진 사람을 구하려 폭풍우 치는 바다에 뛰어들거나 불이 난 집에 있는 사람을 구하려 불 속으로 들어가는 용감한 시민들의 이야기를 접할 때가 있지요. 이 사람들은 자신의 목숨이 위험해질 수 있는데 왜 이런 행동을 하는 걸까요? 그 이유는 다른 사람과 자신이 똑같이 소중하다고 생각하기 때문이랍니다.

수평사회에서는 모든 개인이 가치 있고 소중한 존재예요! 소중한 한 사람, 한 사람의 삶이 발전하면서 모두의 삶이 함께 향상돼요. 그래서 수평사회에서는 이웃을 돕는 행동이 이웃은 물론이고 스스로에게도 도움이 되는 일이에요. 수평사회에서는 소중한 이웃을 돕는 것이 나와 이웃 모두를 더 소중하게 여기는 일인 거지요.

또한 수평사회에서는 자신들과 행동이나 생각이 다르다는 이유로 다른 사람들을 차별하거나 강제로 가두지 않아요. 오랫동안, '정신병자'라거나 '미친 사람', '마녀'로 몰려 고통을 받은 사람들이 많았어요. 남들과 다른 게 나쁜 일일까요? 사실 보통 사람과 달라 보이는 '미친 사람'들이 놀라운 업적을 이루어 낸 적이 꽤 많아요. 화가 빈센트 반 고흐는 세계적으로 손꼽히는 위대한 화가 중 한 명이지만, 당시 사람들은 고흐의 행동이 이상하다고 여겨 평생 외톨이로 살았답니다.

수평사회에서는 권리가 너무 많은 사람도, 너무 조금인 사람도 없습니다. 또, 어떤 사람에게는 의무가 주어지고 어떤 사람에게는 의무가 주어지지 않

는 일도 없어요. 모든 시민에게 권리와 의무가 똑같이 분배되죠.

수평사회에서는 모든 인간이 각자의 존엄성*과 가치를 지니고 있기 때문에 누구나 살아야 할 권리와 스스로 결정을 내릴 권리, 자신의 의견을 표현할 권리, 자유롭게 움직일 권리를 갖고 있어요. 그리고 법에 어긋나지 않는 목적을 위해서라면 사람들을 모아 단체를 결성할 권리도 있답니다. 예를 들어 집을 마련하거나 교육을 받기 위해, 또 병을 치료하기 위한 목적으로도

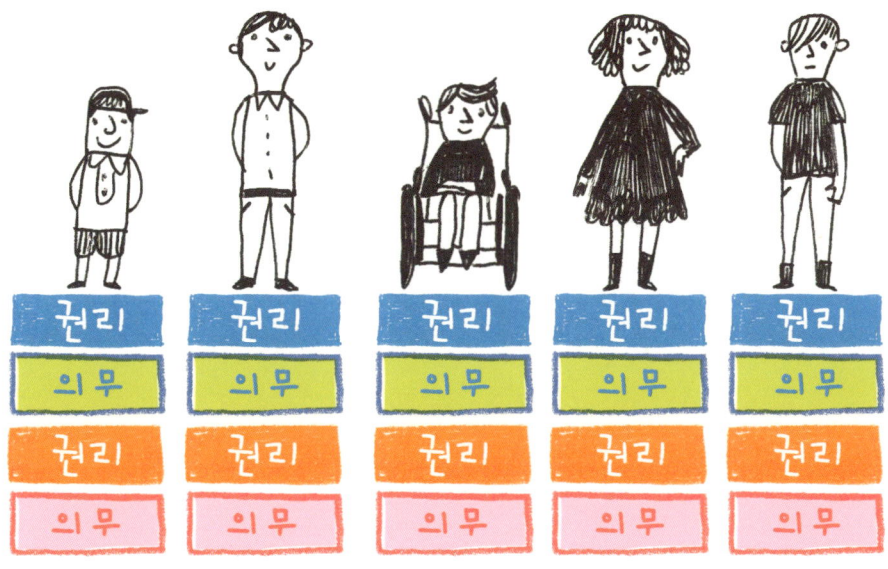

단체를 만들 수 있어요.

이 권리들은 그 누구도 막을 수 없어요. 그 누구도 죽임을 당하거나 노예가 되거나, 자신의 생각을 표현하지 못하는 상황에 놓이지 않아요. 하지만 동전은 앞면이 있으면 뒷면도 있기 마련이죠. 모든 권리에는 의무가 따른답니다. 수평사회 안에서 권리를 누리며 살아가는 사람들은 다른 사람의 삶

에 참견하지 않고 억압하지 않아야 하며, 표현을 못 하게 하면 안 된다는 의무를 갖고 있어요. 이러한 의무는 사회 구성원에게만 해당하는 것은 아니에요. 사회를 운영하는 '기관'들도 사회 구성원들의 권리를 보장하기 위해 의무를 지켜야 하는 거예요. 대신 공공기관들은 사회를 더 잘 굴러가게 만드는 게 목표라서 일반적인 사회 구성원이 가지지 못한 특별한 권한과 의무가 있어요.

예를 들어 수평사회에서 법을 만드는 권한을 가진 의회는 시민들의 생존권에 간섭을 하면 안 된다는 의무를 갖고 있어요. 죄를 지었을 때 어떤 벌을 받을지는 의회가 법으로 정하게 되어 있는데, 시민들의 권리를 지켜야 하는 의무도 가진 의회는 이러한 법을 정할 때 아주 신중하게 일해야 하는 거예요. 마찬가지로 학교를 관리하는 사람들은 학생이 가진 '교육받을 권리'를 방해해서는 안 된답니다. 앞서 말한 1938년 파시스트의 법률이 유대인 어린이들이 일반 학교에 다니지 못하게 했었던 것 기억나죠? 수평사회에서는

이런 일이 일어날 수 없어요.

하지만 이런 수평사회에서도 모든 일이 평탄하게만 이루어지는 것은 아니에요. 한 사람의 권리가 다른 사람들의 권리와 충돌할 수 있기 때문이죠.

수평사회에서 모든 구성원은 각자 자유를 누릴 권리와 어디로든 원하는 곳으로 여행할 권리도 갖고 있어요. 하지만 다른 사람을 해치려고 이동의 자유를 악용하는 사람이 생길 수도 있답니다.

예를 들어 폭력 조직에 속해 있는 깡패 '아무개'가 있다고 생각해 봅시다. '아무개'가 이동의 자유를 이용해 몸을 오른쪽, 왼쪽으로 돌려 사람을 해치

려고 해요. 이때 다른 사람들의 권리가 보호받으려면 '아무개'의 움직임을 막아 다른 사람을 해치지 못하게 해야 하죠. 다른 사람들이 가진 살 수 있는 권리를 보호하는 것은 정당한 일입니다. 하지만 '아무개'의 행동을 막는 것은 아주 조심스러운 일이에요. 어떤 한 사람의 행동을 제한하는 일은 수평사회의 구조를 수평에서 수직으로 만들 위험성이 있어요. 부당한 일들이 벌

어지는 피라미드형 사회로 말이에요.

    이동의 자유를 써서 다른 사람의 생명을 해치려고 했던 '아무개'는 이때 이동의 자유만 빼고 다른 권리들은 보장받을 수 있어요. 수평사회에서는 모든 사람은 가치가 있다는 믿음을 갖고 있으니까요. 그렇기 때문에 '아무개'에게 사형을 내리거나 고문을 하지는 않아요.

    반대로 '아무개'가 해치려고 했던 사람 중 누군가가 '아무개'를 해치려고

한다면 이번에는 '아무개'가 법으로 보호받을 수 있어요.

사람의 행동을 제한하고 구속하는 이러한 의무들의 유일한 목적은 우리 사회가 잘 운영되게 하는 거예요. 모든 사람들이 똑같은 권리와 의무를 갖고 있기 때문에 사회 구성원 한 사람, 한 사람이 법 앞에서는 다 평등하죠. 남자든 여자든, 기독교 신자든 불교 신자든 이슬람교 신자든, 혹은 유대교 신자든, 종교가 없는 사람이든 누구도 차별을 받지 않아요. 정치적인 의견이 달라도, 부유하거나 가난하거나 법은 다 똑같은 사람으로 보죠.

법 앞에서 모든 사람이 평등하다는 말은 무슨 뜻일까요? 한 나라의 대통령이든 과일 노점상이든 병이 들면 치료를 받을 수 있는 권리를 갖고 있다는 뜻이에요. 기독교인과 이슬람교도가 자신의 의견을 표현하고 교회든 사원이든 각자 기도할 공간을 만들 수 있는 권리를 평등하게 갖고 있다는 뜻이고요. 그렇다고 해서 모든 사람의 삶이 복사기로 찍은 것처럼 똑같다는 것은 아니에요. 모든 사람의 삶이 똑같다면 이 세상은 참 따분하겠죠? 권리는 똑같이 나누지만 누구나 하루하루 자신만의 미래를 만들어 나갈 수 있습니다. 수평사회는 모든 사람이 미래를 준비하는 데 필요한 수단을 똑같이 가질 수 있도록 보장하죠.

수평사회는 간단하지 않아요. 수평사회가 발전하려면 복잡한 구조를 가져야 하거든요. 모두가 평등하지만 사회를 지휘할 사람, 지도자가 필요해요. 축구팀에 감독이 필요한 것처럼요. 수평사회의 구성원이라면 누구나 지도자 역할을 할 자격이 있어요. 그 지도자는 공동체의 업무를 수행해야 하고, 자신의 이익을 위해서나 친구, 가족 등 가까운 사람들의 이익을 위해 지도자의 힘을 이용하면 안 되죠.

수평사회는 사회가 운영되는 과정에서 비밀이 생기는 것을 용납하지 않아요. 비유를 하자면, 투명한 유리로 집을 지어서 모든 방에서 일어나는 일들이 다른 방에서나 밖에서도 훤히 다 보이고, 그 안에 있는 사람들이 실제로 평등한 대우를 받고 있는지 감독할 수 있는 사회가 수평사회랍니다.

수평사회에서는 청탁이라는 것이 존재할 수 없어요. 청탁이 뭐냐고요? '비겁한'이라는 아저씨가 사촌의 일자리를 구해 주려고 지역 의원에게 부탁하는 행동이 청탁이에요. 수평사회에서는 이런 행동을 할 수 없어요. 또한 신문기자는 '비겁한' 아저씨가 청탁을 했다는 것을 알았을 때, 자기와 친한 '비겁한' 아저씨를 감싸기 위해 모른 척하면 안 돼요. 신문기자라면 언제나 정직하게 시민들에게 정보를 전달해야 하죠. 수평사회에서는 누구나 사회가 운영되는 데 중요한 역할을 할 수 있어요. 그렇기 때문에 각자 중요한 선택과 결정을 하기 위해서는 반드시 제대로 된 정보를 알 권리가 있답니다.

tip 존엄성

인간이라는 이유만으로 그 존재 가치가 있으며, 그 인격은 존중받아야 한다는 이념이다. 인간은 태어나면서부터 권리를 갖고 인간이라는 이유만으로 존엄한 가치를 보장받고 존중받아야 한다는 원칙이다.

03 수평적이면서도 수직적인 사회?

인류 역사를 살펴보면 완벽하게 수직이거나 완벽하게 수평이지 않은, 두 가지 체제가 혼합된 형태의 사회들이 수없이 많았어요. 지금도 이런 사회가 무척 많죠.

고대 그리스의 아테네는 모범적인 민주주의 사회로 알려져 있지만, 아테네에는 노예 제도가 있었어요. 아테네 시민들끼리는 평등했지만, 노예들은 평등한 대우를 받지 못했죠. 아테네 사회는 수평적인 사회일까요, 수직적인 사회일까요?

민주주의 국가 중에도 사형 제도가 있는 나라들이 있어요. 사형 제도가 있다는 것은 어떻게 보면 때에 따라서는 모든 사람의 생명이 똑같이 중요하게 여겨지지 않는 거라고 볼 수도 있어요. 예를 들어 다른 사람의 소중한 생명을 빼앗은 사람에게 사형을 내린다고 해 봐요. 범인의 생명은 소중하지 않은 것일까요? 하지만 사회가 잘 운영되려면 나쁜 죄를 저지른 사람은 벌을 받아야 하는 것은 당연한 일이기도 해요. 쉽게 답을 말할 수 없는 문제죠? 그래서 사형 제도는 수평적인 민주주의 국가에서도 굉장히 고민이 되는 어려운 문제랍니다.

시민들의 권리를 주장하고 수평사회로 나아가기 위해 애쓰던 나라들이 배를 타고 아프리카로 가서 아프리카 사람들의 땅을 빼앗고, 사람들을 노예로 만들기도 했어요. 그렇다면 이 사람들의 생각은 수평적인 걸까요, 수직적인 걸까요? 그렇게 오래된 일도 아니에요. 불과 200여 년 전 우리 지구상에서 벌어진 일이랍니다.

04 수직사회에서는 어떤 일들이 일어날까요?

 앞에서 이야기한 것처럼 수직사회는 더 강하고 더 큰 권력을 가진 사람들의 이익을 만들기 위한 것처럼 보여요. 강한 사람들에게 방해가 되거나 쓸모없다고 생각되는 사람들 혹은 자신들만의 특별한 권리에 방해가 되는 사람들이 있으면, 수직사회의 꼭대기에 있는 사람들은 그들을 적으로 여기죠. 그리고 계단의 가장 위에 있는 사람들끼리만 서로 평등한 관계를 맺습니다.

 수직사회를 바탕으로 운영되는 국가는 국가의 모든 사람들의 안전이나

복지를 걱정하지 않고, 교육받을 권리, 직업을 가질 권리, 치료받을 권리 등을 모두에게 공평하게 주지 않아요.

이런 국가는 학교에 신경 쓰지 않는답니다. 국립 학교가 있다 해도 오래 유지되지 못하는 경우가 많고, 몇 개 되지 않죠. 그래서 제대로 교육을 받고 자신에게 잘 맞는 일자리를 구하고 싶어도 그럴 수 없어요. 수업료가 비싸서 학생들이 은행에서 돈을 빌려서야 공부를 더 할 수 있는 경우도 있어요. 이런 경우 어른이 되어서 직장을 구해도 은행 빚을 갚느라 집을 사기는커녕

먹고살기도 빠듯할 수 있어요.

어떤 사람들은 학교에서 아주 공부를 잘하거나 체육, 음악, 미술 등 어떤 분야에서 뛰어나면 장학금을 받을 수 있어요. 그러면 제대로 된 교육을 받는 데 필요한 돈을 마련할 수 있죠. 하지만 장학금은 모든 학생들에게 줄 정도로 많지 않답니다. 이렇게 되면 결국 좋은 학교는 '소수를 위한 특권'이 되는 거예요. 직업을 갖거나 치료를 받아야 할 때도 마찬가지고요. 어떤 나라에서는 의료보험 제도가 없어서 치료비를 모두 낼 수 있는 사람들만 치료를 받을 수 있답니다. 수직사회가 바탕인 나라에 살면서 가난하면 생존의 문제를 걱정할 수밖에 없는 거예요.

직장이 없으면 가난해지기 마련이죠. 수직사회에서는 직장을 잃을 위험성이 아주 커요. 노동자들에게 권리는 없고 경쟁은 너무 심해서 언제든 아무런 이유가 없어도 직장에서 쫓겨날 수 있답니다.

관찰해 보면, 수직사회는 문제가 생기면 힘을 내세워 문제를 해결하려고

하기도 해요. 이때도 기본적인 원칙은 같아요.

'낯선 사람은 우리와 다르고, 우리에게 피해를 주면 그 사람을 내보낼 수 있다. 아니, 내보내야 한다.'

이 원칙은 아주 못된 행동까지 정당화시킨답니다.

1800년대와 1900년대를 지나면서 시민의 권리를 존중하는 유럽의 시민 국가들이 아시아나 아프리카와 같이 금과 다이아몬드 등 천연자원이 풍부한 대륙을 침략했어요. 그러는 동안 아시아와 아프리카는 자국의 이익만 생각하는 유럽 국가들 간의 전쟁으로 점점 황폐해졌어요.

수직 사회의 원칙이 한 국가에 적용되면, 그 나라의 거주민들은 무척 부당하고 폭력적인 일을 당합니다. 유럽과 아메리카 대륙에서 흑인을 노예로 소유하는 것이 합법적이었고, 남아프리카공화국에서는 인종 차별이 정당한 일이었죠. 독일이 나치 정권이었을 때에는 유대인과 집시, 정치 반대자, 동성애자 등을 죽이는 것이 합법이었어요. 요즘은 이 모든 일이 범죄로 여겨지죠.

근래에도 수직사회의 여성들이 가장 낮은 계층에 속하는 경우를 종종 찾아볼 수 있습니다. 투표를 할 수 없고 혼자 외출도 허락되지 않고 집안의 남성에게 순종해야 하죠.

여성의 권리, 특히 정치에 참여하는 참정권, 투표권이 보장된 지는 얼마 되지 않았어요. 이탈리아는 1946년이나 돼서야 여성들이 처음으로 투표를 할 수 있었고, 스위스는 그보다 훨씬 뒤인 1971년에 여성들의 투표권이 보장되었답니다. 한국은 광복 후 1948년에 제헌국회를 구성하기 위한 총선거에서 남녀 모두가 처음으로 투표를 할 수 있었어요.

수직사회에서는 다수의 시민이 전쟁과 같은 잔인한 행위에 무관심하면 신문, 책 등을 이용해 다른 사람을 해치는 이유를 정당화시키죠. 요즘은 텔레비전 방송까지 이용해 상대편을 '인간이 아닌' 괴물 같은 존재로 묘사하기 시작하죠. 그렇게 해서 상대편을 무찔러야 하는 괴물로 만들어서 전쟁을 정당화하는 거예요.

수직사회는 상대편을 고립시키고 스스로를 방어하기 위해 엄청난 돈을

씁니다. 적이 접근하지 못하게 도시 사방에 아주 두꺼운 벽을 쌓는 거죠.

어떤 나라에는 지금까지도 과거 성벽이 있었던 자리가 남아 있고, 어떤 곳은 성벽 전체가 그대로 있기도 해요. 여러 국가들은 외부의 공격으로부터 스스로를 보호하고, 또 일부는 과거에 자신들이 공격했던 적들의 복수에 대비했답니다.

지금도 미국과 멕시코 국경 일부에는 일자리를 구하러 몰래 국경을 넘는 사람들을 막기 위해 수천 킬로미터나 되는 벽이 있어요.

수직사회는 사람들 속에 살고 있는 범죄자들을 가두려고 수많은 감옥을 짓습니다. 무기를 사들이느라 엄청난 액수의 나랏돈을 사용하기도 해요. 다른 국가들과의 적대감을 해결하는 수단이 무기뿐이라고 생각하기 때문이죠.

우리가 사는 이 세상에도 정말 많은 무기들이 있어요. 지구에 살고 있는 모든 사람들이 그 무기들을 똑같이 나눠 가지면, 우리 모두 폭탄을 하나씩 머리에 올리고 폭발할 때만 기다리는 신세가 될지도 몰라요.

화학 무기(유독가스 같은 것이 화학 무기예요)와 미생물 무기(전염병 같은 무서

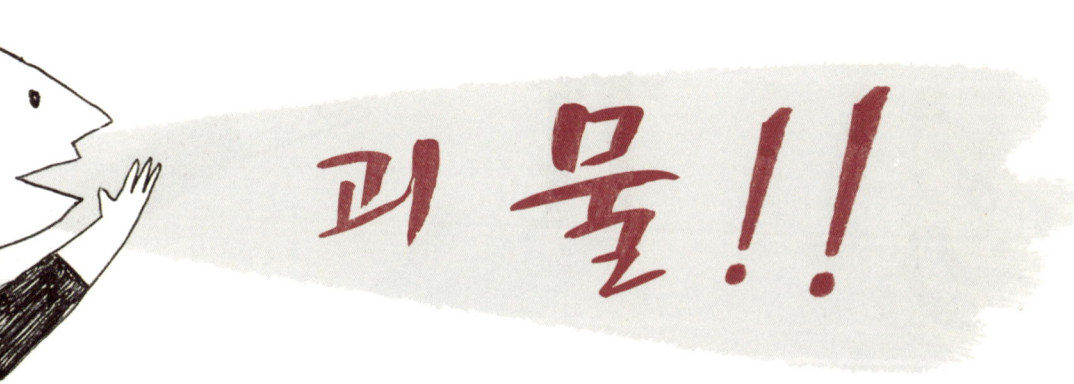

운 질병을 일으킬 수 있는 미생물이에요)는 하루빨리 없어져야 해요. 이제 이런 무기는 사용하지 못하도록 금지하고 있는데, 사실 아직까지 몰래 감추고 있는 나라가 많을 거예요.

그리고 세계 곳곳 캄보디아나 아프가니스탄, 소말리아 등에는 아직까지 폭발하지 않은 폭탄들이 들판과 도로에 묻혀 있습니다. 매년 수천 명이 이 폭탄 때문에 죽거나 심각한 부상을 입어요.

돈을 벌기 위해서라면 이렇게 위험한 무기를 만드는 데 아무런 거리낌이

없는 무기 회사들도 있지요. 이런 무기들은 사람들에게만 위험한 것이 아니에요. 위험한 무기는 사람들의 생명도 앗아 가지만 강과 숲, 공기 등 자연환경도 함께 망가뜨려요. 자국의 이익을 위해, 또는 돈벌이를 위해 무기를 만들고 사는 사람들 때문에 점점 환경은 오염되고 자원은 줄어들죠.

수직사회는 세상을 부자와 가난한 자로 나누는 것이 당연하다고 생각해요. 그런 생각을 지지하는 사람들에게는 지구의 한정된 자원이 불공평하게 분배되는 것이 당연해 보이겠죠. 자원이란 어차피 모두가 사용하기에는 부족하지 않느냐고 말하기도 해요.

그런데 이렇게 불합리한 이 수직사회를 좋아하는 사람들이 왜 많은 걸까요? 일단 수직사회는 고민을 할 거리가 그다지 많지 않아서 강한 힘만 있다면 쉽게 만들 수 있어요. 위에 있는 사람은 옳고 아래에 있는 사람은 무조건 틀렸다고 보니까요. 아래에 있는 사람이 실수를 하거나 반항을 하면 멀리 보내거나 사형선고를 내리면 그만이고요.

이런 사회 체제가 인류 역사에서 아주 오랫동안 사용돼 왔기 때문에 사람들 사이에서 자연스럽고 평범한 방식으로 보이는 걸까요?

05 수평사회에서는 어떤 일들이 일어날까요?

 전형적인 수평사회에서는 공동체의 자원과 돈이 사회 구성원 모두에게 골고루 나눠지고 모든 사람들의 권리를 보장하기 위해 쓰인답니다. 그런데 이게 무슨 뜻일까요?

　사람은 누구나 행복하게 살 권리와 돈이 없어도 치료를 받을 수 있는 권리가 있어요. 좋은 학교에 다닐 권리, 집과 직장을 가질 권리도 있지요. 그뿐이 아니라 자신의 생각을 표현할 권리도 보장받아요. 누구나 정치, 종교를 지지하는 자유와 다양한 의견을 말할 수 있죠. 수평사회에는 기독교인이 있을 수도 있고 이슬람교 신자나 유대교, 불교 신자도 있을 수 있어요. 또, 아무 신도 믿지 않는 무신론자도 있죠. 종교를 믿든 안 믿든 아무런 차이가 없어요.

　모든 사람은 존중을 받아야 한다는 생각이 수평사회의 바탕이랍니다. 이것은 국가가 시민을 마음대로 할 수 없다는 말이에요. 국가는 시민을 죽일 수도 없고, 국가 마음대로 감옥에 가둘 수 없어요.

　수평사회에서는 학교를 아주 중요하게 여기지요. 그래서 학교를 올바로 운영하려고 많은 돈을 투자해요. 학생들을 가르치는 교사들이 좋은 대우를 받고, 학교는 교사를 뽑을 때 신중하게 선택합니다. 학생들을 가르치는 일이 얼마나 가치 있는 일인지 알기 때문이죠.

앞에서 말한 것처럼 인간의 기본권 중에 집에서 살 권리와 안정된 직장을 가질 권리가 있어요. 직원을 해고할 때에는 합당한 이유가 있어야 하죠. 그리고 혹시 어떤 사람이 갑자기 일자리를 잃어도 생존을 할 수 있는 권리가 있기 때문에 국가가 나서서 도와줘야 합니다.

그렇다면 이런 수평사회의 구성원들은 서로를 어떻게 대할까요? 수평사회의 사람들은 모든 개인이 가치 있고 누구나 똑같이 소중하다고 생각해요. 외국인을 쫓아 버리거나 멀리하려 하지 않고 반갑게 맞아 사회의 일부로 받아들이지요. 외국인은 적이 아니에요. 다른 나라에서 태어나고 문화와 종교가 다르거나 피부색이 다르다는 이유만으로 위협적인 존재라고 생각하면 안 돼요.

수평사회는 가난한 사람들이나, 외국인들에게도 제대로 된 교육을 받을 기회와 더 나은 미래를 설계할 가능성을 열어 줍니다. 수평사회의 존중이라는 의미는 환경에도 해당돼요. 그래서 수평사회에서는 지구의 자원을 사용할 때도 많이 고민해서 신중하게 결정하죠.

하지만 수평사회라고 해서 군대와 무기가 전혀 없는 것은 아니에요. 수평사회도 예상치 못한 공격에 대비하기 위해 최소한의 군대와 무기를 갖추고 있어요.

 ## 왜 수평사회를 달가워하지 않는 사람들이 있는 걸까요?

　수평사회를 좋게 보지 않는 사람들도 많아요. 실제로 만들어질 수 없는 사회라고 말하는 사람도 있고, 완벽한 수평사회, 즉 모두가 똑같이 평등한 사회는 없다는 것을 증명하는 사람들도 있죠. 사실 완벽한 평등은 자연스러운 것이 아닐지도 몰라요.
　수평사회를 만드는 데 성공했다고 해도, 얼마 가지 않아 사람들의 욕망이 수평사회를 파괴하고 수직사회로 바꿔 놓을지도 모르지요. 또, 어떤 사람들은 변화를 시도하지 않고 이제까지 지속돼 온 수직사회를 유지하는 것이 더 쉽기 때문에 평등 사회를 실현하기 힘들다고 말해요. 심지어 수평사회는 모든 사람들을 복사한 것처럼 똑같이 만드는 지루하고 획일적인 사회라고 말하는 사람들도 있답니다. 그런 사회에서는 남보다 강하고 똑똑한 사람은 인정을 받지 못하고, 열심히 하지 않는다고 해서 누가 뭐라고 하거나 비난을 받지도 않으니 아무도 더 발전하려고 노력하지 않는다는 거예요. 또, 어떤 사람들은 어차피 모든 사람들이 나눠 쓸 돈과 부가 충분치 않기 때문에 우리 인류 중에서 일부만 살아남을 수밖에 없고, 결국 전 세계를 아우르는 거대한 수평사회는 만들 수 없을 거라고 생각해요.

마지막으로 한 가지 더 말하자면, 이런 종류의 사회에는 해결하기 아주 어려운 심각한 문제가 있어요. 모든 사람은 인간의 가치와 존엄성을 갖고 있습니다. 그런데 예를 들어 김철수 씨와 이영수 씨의 존엄성이 충돌하는 상황이 발생했을 때, 어떻게 이 충돌을 해결해야 할까요? 만약 김철수 씨가 이영수 씨를 해치려 한다면, 국가가 김철수 씨를 체포해서 감옥에 가둘 수 있을까요? 김철수 씨를 감옥에 가두면, 김철수 씨의 기본적인 권리, 즉 개인의 자유권을 제한하는 거잖아요? 이렇게 자유권을 제한하면, 김철수 씨의 인간으로서의 가치를 부정하게 되는 게 아닐까요?

국가가 김철수 씨를 체포할 수 있는지에 대한 대답은 어렵지 않을 겁니다. 다만 김철수 씨를 감옥에 가뒀을 때 인간으로서의 가치를 부정하는 것이 아니냐는 질문에 꽤 오랫동안 생각을 해도 대답하기가 어려울 거예요. 이 문제는 상당히 어렵지요.

앞에서 완벽한 수평사회는 존재한 적이 없다고 주장하는 사람들이 있다고 했죠? 이 주장에 대해 우리는 인류가 시대에 따라 변한다는 답변을 할 수 있어요.

천 년 전에는 신의 노여움을 달래기 위해 인간을 제물로 바치는 것이 당연하게 여겨졌어요. 그리고 몇백 년 전에는 노예를 두는 것이 일반적이던 시대도 있었죠. 중세 시대 종교 재판에서는 자백을 하게 하거나 벌을 주기 위해 사람을 고문하기도 했고요.

지금은 인간 제물이나 고문, 노예 제도와 같은 것이 금지되어 있지만, 당시에는 그런 제도들이 없어질 것이라고는 상상도 하지 못했을 거예요.

폭력 조직도 세상의 일부이므로 그들을 상대로 싸울 필요가 없다고 말하는 사람들이 있어요. 하지만 세상은 언제나 똑같지는 않아요. 역사는 계속 흐르고, 언젠가는 폭력 조직 같은 어두운 세력들이 정의에 의해 사라질 수 있어요. 이제는 인간을 제물로 바치는 제도가 사라진 것처럼 말이에요.

그렇게 생각하면 미래에는 모두 더 나은 삶을 살 수 있을 거라는 희망이 생겨요. 지금은 가난하게 사는 사람들이 너무 많고, 다섯 명 중 한 명이 마실 물이 없어요. 그렇지만 사람들은 앞으로 어떻게 될지 신경도 쓰지 않고 매일 점점 더 많은 양의 천연자원을 낭비해요. 당연히 환경은 점점 더 오염되고 있어요. 하지만 우리가 노력한다면 미래는 지금과 다를지도 모른다는 희망이 있죠.

이번에는 수평사회에 대한 또 다른 비판을 살펴볼까요. 수평사회가 지루하고 획일적이며, 사람들의 생활이 복사한 것처럼 똑같아진다고 생각하는 사람들이 있었죠? 법 앞에서 모두 똑같다는 것은 개인의 삶이 남과 다르면 안 된다는 뜻이 아닙니다. 가령, 수평사회에서 만수는 어른이 되면 의사가

되고 싶을 수 있고, 태환이는 축구 선수가 되고 싶다는 꿈을 꿀 수 있어요. 두 어린이 모두 자유롭게 각자의 직업을 선택할 수 있고, 각자의 삶을 살 수 있죠. 국가는 태환이가 원한다면 대학에 갈 수 있는 가능성을 열어 줄 겁니다. 태환이가 축구 선수가 되고 싶어 한다고 해서 대학에 가지 못하게 할 수는 없죠.

국가는 모든 국민에게 필요한 의료 혜택을 보장합니다. 그렇다고 해서 치아 건강에 안 좋으니 초콜릿 판매를 금지한다거나, 건강을 위해 전 국민이 아침에 달리기를 해야 한다고 강요하지는 않아요. 이렇게 수평사회에서는 모두가 자유롭게 자신이 원하는 미래와 삶을 설계할 수 있습니다.

이 세상 사람 모두가 사용할 수 있을 정도로 자원이 충분치 않아서 공평한 분배가 이루어질 수 없다고 생각하는 사람에게는 이렇게 답할 수 있을 거예요. 모두가 사용할 만큼 자원이 충분치 않게 된 이유는 자원을 낭비하고, 제대로 분배하지 않았기 때문이라고요. 그리고 무기를 만들고 사는 데 많은 자원과 돈을 사용하는 것도 큰 영향을 끼친다고 말이에요.

07 수직사회와 수평사회는 어떻게 다른가요?

앞에서 본 것처럼 수직사회에서는 모두에게 생존권과 자유권이 보장되지 않아요. 피라미드 계단에서 더 높은 층에 있는 사람들의 생각에 따라 아래층 사람들의 삶이 달라지죠.

로마제국 시대에는 아버지가 갓 태어난 아들을 살릴지 죽일지를 결정할 수 있었어요. 중세 시대에는 범죄를 저지르면 바로 죽임을 당해야 했죠. 고대 그리스에서는 적에게 잡히면 노예가 되어 자유를 잃었어요.

모든 사람이 평등한 수평사회에서도 제한하는 몇 가지 권리가 있어요. 하지만 이건 제일 중요한 권리들을 보호하기 위한 거예요.

제일 중요한 권리에는 생존권이 포함돼 있어요. 국가는 사람의 목숨을 빼앗을 수 없어요. 물론 정당한 게 무엇인지 판가름하기 어려운 경우들이 있죠. 예를 들어 김시민 씨가 은행 강도에게 인질로 잡혀 있는데 그중 한 명이

김시민 씨를 죽이려고 머리에 총을 겨누고 있다고 가정해 봐요. 이 경우 경찰들은 선택을 해야 해요. 불쌍한 김시민 씨를 구하려면 어쩔 수 없이 그 강도를 쏴야 하죠.

무고한 생명을 살리기 위해 범죄자에게 총을 쏜 것은 어쩔 수 없는 선택이에요. 하지만 방아쇠를 당기는 경찰은 그 상황에서 김시민 씨를 구할 다른 방법이 없었다는 것을 증명해야만 정당한 행위로 인정받을 수 있어요. 어쨌든 한 사람의 목숨을 잃게 하거나 다치게 만드는 것이 가벼운 일은 아니에요. 수평사회에서는 범죄자도 한 개인으로서 가치 있는 존재이기 때문이랍니다.

08 수직사회에서 죄를 짓는다면?

 어떤 사회에서 사람들이 범죄를 저질러도 기본권을 박탈하는 처벌을 하지 못한다고 상상해 볼까요? 이 사회에서는 나쁜 짓을 하고 은행을 털어도 감옥에 가둘 수 없어요. 그럼 이런 사회에서는 어떻게 하면 규칙을 지키게 할 수 있을까요? 다른 사람들의 권리에 해를 끼치는 사람을 막을 방법이 있을까요?

 권리에 비해 의무만 너무 많은 수직사회에서는 범죄를 피하기 매우 어려워요. 먹을 것을 살 돈이 없는 계단 아래쪽 가난한 시민들이 너무 배가 고픈 나머지 살기 위해 도둑질을 할 수 있으니까요. 과장된 상상이 아니에요. 실제로 매일 수천 명이 먹을 게 없어서 죽어가고 있으니까요.

사람들이 도둑이 되는 상황을 막는 방법은 아주 간단해요. 만약 사람들이 규칙을 위반했을 때 고통스러운 벌을 주면 위반을 하지 않겠죠. 그러면 고통을 받는 모습을 본 사람들도 규칙을 지키는 것이 낫다고 생각하겠죠.

이 경우 법을 잘 지키는 준법성이 높아지는 것은 처벌 때문이에요. 그러니까 고통의 강도가 높아야 효과적인 결과를 기대할 수 있죠. 벌이 무거울수록 죄를 짓고 싶은 마음이 사라질 테니까요.

게임을 좋아하는 태란이의 경우를 볼까요. 엄마가 태란이에게 월요일에는 항상 숙제가 많으니 게임을 하지 말라고 말했어요. 말을 안 들으면 게임기를 하루 동안 빼앗기로 엄마와 태란이는 약속했어요.

이 경우 태란이는 엄마와 한 약속을 어기게 될 수도 있어요. 그냥 월요일에 신나게 게임을 하고 게임기를 하루만 빼앗기면 되니까 참을 수 있을지도 모르죠. 하지만 엄마가 게임기를 한 달 동안 빼앗는다고 하면, 태란이는 분명 하루만 빼앗길 때와 무척 다른 반응을 보일 거예요. 벌의 강도가 높아졌으니 감히 엄마가 만든 규칙을 어길 엄두가 나지 않겠죠.

수직사회에서 효율적으로 처벌을 하려면 처벌의 강도가 상당히 높아야 하고 균형도 이루고 있어야 합니다.

이게 무슨 뜻일까요? 처벌이 균형적이어야 한다는 말은 범죄가 심각하면 심각할수록 범죄자가 받아야 하는 처벌이 더 강해야 한다는 뜻이에요. 처벌의 정도에 관한 개념은 아주 오래전부터 정해져 있었어요. 성경에서도 '눈에는 눈, 이에는 이'라는 말을 찾아볼 수 있죠. 다른 사람이 내 눈을 찌르면 나도 다른 사람의 눈을 찌를 권리가 있고, 다른 사람이 내 이를 부러뜨리면 나도 다른 사람의 이를 부러뜨릴 권리를 가질 수 있어요. 다르게 생각하면 눈을 찔리면 눈만 찔러야지 손가락을 부러뜨린다거나 뺨을 때리면 안 된다는 의미도 담고 있는 거예요. 죄에 맞는 벌을 받아야 한다는 뜻이죠.

중세 시대에는 죄에 대한 벌을 엄하게 정해 두어서, 도둑질을 하면 물건을 훔친 손을 잘라 버렸고 거짓말을 하면 혀를 찢는 벌을 내렸어요. 더 큰 죄를 지은 사람은 고문을 하다가 죽이기도 했고요.

수직사회에서 기본적인 규칙을 지키지 않는 사람은 보통 감옥에 갇힙니다. 하지만 모든 사람들이 똑같은 처벌을 받지는 않죠. 신분 계단의 높은 곳에 있는 사람들 중 온갖 핑계를 대고, 모든 수단을 동원해 감옥에 갇히지 않으려는 사람들이 있거든요. 그런 사람이 많은 사회일수록 높은 자리에 있는 사람들이 많이 저지르는 범죄는 다른 범죄에 비해 처벌이 약한 경우가 많습니다.

뇌물*을 주고받는 것도 그런 범죄 중 하나입니다.

예를 들어 어느 도시의 시장이 시청 건물을 수리하는 사람에게 남들 모르게 뇌물을 주지 않으면 건물 수리 일을 더 이상 맡기지 않을 거라고 협박을 해요. 건물을 수리하는 사람은 시청 건물 일을 계속 맡고 싶다면 시장에게 뇌물을 줄 수밖에 없어요. 이런 뇌물을 주고받는 것은 심각한 범죄라서 당연히 처벌을 받지만 처벌 강도가 약한 경우가 많아요. 돈을 뺏는 일과 비슷한 범죄인데 말이에요. 동네 깡패 '한가한'이 '성실한' 아줌마의 정육점에 들어가 매달 현금이 가득 든 봉투를 내놓지 않으면 가게에 불을 지를 거라고 협박하는 것과 같은 행위랍니다. 하지만 시장은 경찰과 판사에게 또 뇌물을 줘서 자기한테 유리한 판결이 나오도록 만들지도 몰라요.
　수많은 국가에서 대통령이나 국회의원과 같이 정치적으로 중요한 임무를 맡고 있는 사람들은 그 임무를 하는 동안은 보통 사람들과 같은 법의 심판을 받지 않는 규칙을 가지고 있기도 해요.
　그러니까 수직사회에서 처벌은 보통 신분 계단의 아래쪽에 있는 사람들

에게 내려지죠. 이때 감옥은 범죄자들이 죄를 뉘우치고 사회 속으로 돌아가도록 돕기 위한 곳으로 여겨지지 않아요. 감옥에 갔던 사람은 죗값을 치르고 돌아와도 계속 소외당하기 일쑤죠.

이처럼 수직사회는 사회 그대로 유지하는 것이 처벌의 목적이라서 어떤 사람이 규칙을 깨거나, 현재 살고 있는 환경을 망가뜨린 이유가 무엇인지를 이해하는 것을 중요하게 생각하지 않아요.

비유를 하자면, 어떤 사람이 치킨집에서 치킨을 훔쳐도 그 사람이 굶어

죽을 지경이어서 도둑질을 했는지, 치킨집 주인과 지난주에 싸워서 복수를 하려고 그런 것인지, 그 이유에는 별 관심이 없는 거예요.

이런 수직사회에서는 나쁜 짓을 저질렀을 때 처벌받는 모습을 보여 주는 것도 중요하기 때문에 처벌은 언제나 똑같죠. 규칙이 계속 지켜지도록 하기 위함이에요.

범죄를 저지른 사람이 감옥에 들어가는 것이 중요하지, 그 사람이 감옥에서 나와 어떻게 살지는 신경 쓰지 않아요. 도둑이나 강도가 감옥에서 나오면 무슨 일을 할까요? 합법적인 직업을 찾지 못한다면 전과자는 또다시 범죄를 저지르기도 합니다. 심지어 어떤 때는 감옥이 범죄 학교가 되기도 하죠. 좀도둑이 감옥에 들어가 무자비한 강도와 친구가 됐는데, 그 강도가 다른 범죄자들이 존경할 정도로 못된 범죄자라면 친구인 좀도둑까지도 우러러보게 됩니다. 좀도둑은 강도 친구에게서 더 나쁜 짓을 배우고, 나중에 감옥에서 나왔을 때 배운 것을 시도하겠죠.

수직사회에서는 죄를 지은 사람이 감옥 생활을 얼마나 하는지도 궁금해하지 않아요. 하지만 처벌은 유용해요. 감옥은 계급사회를 유지하는 데 도움이 되니까요.

간혹 평생 감옥에서 지내야 하는 종신형*을 받는 사람도 있는데, 이 종신형이 특별히 악한 범죄를 저지른 사람에게만 내려지는 것은 아닙니다.

어떤 나라에는 법을 어기고 죄를 뉘우치지 않고, 계속해서 법을 여러 번 위반한 사람에게 종신형을 내리는 새로운 규칙이 생기고 있어요. 이 규칙에서 그 사람이 저지른 죄의 심각성은 상관없을 수도 있어요. 누구를 죽이거나 상처를 입히지 않아도 평생을 감옥에서 보내야 될 수 있어요. 어떤 경우에는 겨우 햄버거 하나를 훔치고 종신형을 살 수도 있지요.

수직사회의 관점에서 볼 때 가장 효율적인 처벌은 사형일지도 몰라요. 범죄자에게 사형 선고를 내리면 두 번 다시 문제를 일으키지 않을 테니까요. 여러분은 어떻게 생각하나요? 정말 사형이 가장 효율적일까요?

tip

뇌물

어떤 위치에 있는 사람을 구슬려 사사로운 일에 이용하기 위해 건네는 돈이나 물건.

종신형

무기 징역. 죄를 지은 사람을 죽을 때까지 교도소에 가두는 형벌이다. 종신형에는 석방의 가능성이 전혀 없는 것과 임시 석방의 가능성이 있는 종신형이 있다. 사형제가 폐지된 나라에서는 종신형이 가장 무거운 형벌이다.

수평사회에서 죄를 짓는다면?

 모든 사람이 가치가 있고 생존권을 갖고 있다는 수평사회의 원칙은 누군가 규칙을 깼을 때 수직사회에서 벌어졌던 것과는 다른 결과를 보여 줘요.
 앞에서 모든 사람의 생명을 존중하는 수평사회에서는 사형이 용납되지 않는다고 했는데, 사실 감옥에 가두는 것도 수평사회에서 세상을 보는 방식을 생각하면 옳지 않은 처벌이에요. 감옥은 인간의 기본 권리 중 하나인 자유권이 없는 곳이니까요. 예를 들어 여러분이 감옥에 들어가 있으면 여행도 할 수 없고 여러분이 좋아하는 사람과 가까이 있을 수도, 친구들을 만날 수도 없습니다. 게다가 한곳에 갇혀 있으니 다양한 생각을 하기 어려울 수 있죠.

감옥은 처벌 수단의 하나일 뿐이지만 인간의 존엄성을 해치는 곳이에요. 그러니까 사람들이 감옥에서 벌을 받고 다시 사회로 나왔을 때 일상생활에 어려움을 느낄 수 있죠.

수평사회에 잘 맞지 않아 보이는 제도지만 인간의 가치와 존엄성을 상당히 존중하는 국가에서도 규칙을 지키지 않고 범죄를 저지르는 사람들을 감옥으로 보냅니다. 감금이 잘못된 방법이라거나 감옥이 없어도 사회가 유지될 수 있다고 주장하는 사람은 별로 없어요.

이유가 뭘까요? 우리가 태어나기 전부터 감옥이 존재했고, 계속 이용돼 왔기 때문일 거예요. 우리가 감옥이 있다는 사실에 이미 너무 익숙해져서 당연하다고 생각하는 거죠.

    인간의 역사를 보면 모든 죄는 처벌을 받아야 한다는 원칙이 항상 있었어요.

    감옥에 갇히는 것이 처벌이라고 여기지 않았던 때도 있었어요. 최종 처벌이 내려질 때까지 기다리는 대기실 정도로 생각했죠. 재판 전에 죄인이 잔인한 고문이나 사형 등 진짜 처벌을 피해 도망치지 못하게 하려고 잠시 가둬 두는 용도로 사용했던 거예요. 어떤 의미에서 감옥은 한 걸음 발전한 처벌이지만 범죄자를 사회에서 뒤로 물러나 있게 한다는 개념은 똑같아요. 누구나 잘못을 했으면 어떤 식으로든 죗값을 치러야죠.

    우리가 사나운 늑대에게 잡아 먹힐까 봐 두려워하고 있다면, 늑대가 사람을 해치지 않는다는 것을 알아도 철창 안에 가둬 놔야만 안심이 되죠. 우리는 규칙을 깬 사람을 사나운 늑대로 취급합니다. 늑대는 자신이 왜 철창에 갇혔는지 영문을 몰라요. 반면 감옥에 간 사람은 감금돼 있으면서 분명히 고통을 받을 거예요. 자신이 저지른 범죄를 생각 속에서 떨쳐버릴 수 없을

거고요.

 이런 개념이 뿌리를 내리면서 다들 죄를 지으면 감옥에 가는 수밖에 없다고 생각하고 다른 방법을 떠올리지 않죠.

 그러나 지구가 자전하면서 태양의 주위를 돈다고 생각하는 사람이 아무도 없을 때도 있었어요. 다르게 생각하면 코페르니쿠스가 진실을 알게 된

것처럼 새로운 방법을 떠올릴 수도 있어요.

아마 여러분은 수평사회의 개념이 마음에 들 거예요. 하지만 그와 동시에 범죄자는 벌을 받아야 한다는 생각도 들겠죠. 이런 갈등이 생기는 것은 여러분이 수평사회의 형태와 수직사회 형태의 차이를 제대로 이해하지 못했기 때문이에요. 수평사회에서는 감옥에 가두는 벌의 목적이 처벌이 아니라 재교육과 구원이거든요.

수평사회에서는 누군가 옳지 않은 행동을 했을 때 그 행동에 대한 변명을 법정에서 하기 전에 주변에 있는 사람들에게 설명하고 이해를 구합니다. 이 사회에서는 사람들 간의 관계가 복종이 아닌 대화와 타협을 바탕으로 하고 있거든요. 이런 식으로 구성된 사회의 시민들은 책임감이 무척 강해요. 이게 무슨 말이냐고요?

한 가지 예를 들어 볼게요. 어느 학교에서 선생님 두 분이 학생들을 가르치고 있어요. 둘 중 한 명인 '망치' 선생님은 질서를 유지하는 데 가장 좋은 방법은 엄한 벌을 주는 것이라고 생각해요. 교실에서 나와 체육관에 갈 때 어떤 학생이 복도에서 친구들을 밀었다거나, 시끄럽게 떠들면 벌을 주죠.

공책을 던지면 벌로 숙제를 주기도 하고 체육 시간에 뜀박질을 시키기도 하고요. 학생들은 벌을 받을까 봐 대부분 착하게 행동하지만 선생님한테 들키지 않을 것 같으면 친구가 쓰러질 정도로 세게 밀쳐 버립니다. 간혹 '망치' 선생님한테 대드는 학생이라도 나타나면 친구들이 우러러보고 거의 영웅 대접을 받아요. 대드는 행동은 어리석고 위험하고 전혀 영웅스럽지 않은데 말이죠.

하지만 '이야기' 선생님은 '망치' 선생님과 정반대예요. 선생님도 아이들이 조용히 공부하는 것을 좋아하지만 엄한 벌을 주는 것이 효과가 있다고 생각하지 않아요. 선생님은 수업 시간에 왜 조용한 태도를 유지해야 하는

지, 힘이 센 친구가 약한 친구를 때리지 않는 교실이 얼마나 좋은지, 인간적으로 서로를 존중하면 어떤 점이 좋은지 아이들과 이야기 나누는 걸 좋아한답니다. 이야기 선생님 반 아이들은 소란을 피우거나 욕을 하지도 않고 쿵쾅거리며 뛰어다니지도 않아요. 벌이 무서워서가 아니라 어떤 행동이 올바르지 않은지 알고, 올바른 행동을 해야 한다고 생각하기 때문이에요. 이야기 선생님과 함께 있을 때도 옳지 않은 일을 하는 학생이 있어요. 하지만 이럴 때 친구들은 못된 행동을 한 친구를 영웅으로 여기지 않아요. 어리석고 예의 없다고 생각하죠. 이야기 선생님 반 아이들은 책임감 있는 행동이 어떤 것인지 배우고 모두 함께 올바르게 생활하는 법도 배우기 때문이에요. 이야기 선생님의 학급은 규모가 작을 뿐 수평사회의 아주 좋은 본보기랍니다.

진정한 수평사회에서는 모두의 권리가 존중되기 때문에 사람들이 법칙을 깨려는 마음을 갖기가 어려워요. 물론 인간은 완벽하지 않기 때문에 범죄나 규칙 위반이 사라질 수는 없지요. 하지만 이야기 선생님의 반에서처럼 사람들 간의 관계가 서로를 존중하는 방향으로 나아갈 수 있죠. 어쩌면 사람이 다칠 때까지 싸우는 일도 계속 발생할 것이고, 직업을 갖고 일을 하러 다니기보다 도둑질을 해서 편하게 살려고 하는 사람도 언제나 있어요. 하지만 이런 일들은 아주 드물고 특별한 사건이고 거의 질병에 가까운 행동으로 여겨지게 될 거예요. 시민들은 법칙을 깨는 사람들을 좋은 눈으로 보지 않을 것이고 비열한 사람을 우러러보지도 않을 테니까요.

반대의 세상을 떠올려 보세요. 법을 어기는 것이 아무렇지도 않고, 큰 죄를 저지를수록 떵떵거리고 사는 세상 말이에요. 시민들이 서로를 존중하는

대신 큰 범죄 집단의 명령을 받으면서 산다고 생각해 보세요. 끔찍하죠? 세상은 그렇게 돌아가면 안 됩니다.

우리가 살펴본 수평사회에서 규칙을 깨는 사람들에게 가하는 벌은 모두의 기본적인 권리를 보호하기 위해서만 필요합니다. 하지만 지금 현실은 범죄에 대한 처벌이란 한결같이 감옥에 가두는 거예요. 범죄의 종류가 수없이 많은데도 말이죠. 예를 들어 어떤 사람은 고속도로에서 빠르게 달리는 것이 재미있어서 속도위반을 하고, 어떤 사람은 구급차를 운전하면서 위독한 환자를 빨리 병원으로 옮기기 위해 속도위반을 했어요. 생각해 봐요. 똑같이 속도위반을 했다고 해서 같은 벌을 받는 게 옳을까요?

수평사회에서는 감옥 외에 다른 방법을 생각해 볼 수 있어요. 예를 들어 '허술한' 아저씨가 부주의하게 운전을 하다가 자전거를 탄 사람을 치었다고 가정해 볼까요? 이때 '허술한' 아저씨를 감옥에 가두는 것이 아니라 주말마다 교통사고 환자들을 치료하는 의료 센터에서 가서 봉사를 하도록 하면 어떨까요? 그럼 '허술한' 아저씨는 자신이 쓸모 있는 존재라고 느낄 뿐 아니라 부주의한 운전의 결과가 얼마나 무서운 결과를 낳는지 직접 확인하는 기회도 갖게 되잖아요. 그러면 '허술한' 아저씨는 운전할 때 더욱 더 조심하게 되겠죠.

한 가지 예를 더 들어 볼까요? 이번에는 '당당한' 아저씨가 국립 공원 안에 있는 멋진 해변에 거대한 불법 건물을 지으면 어떻게 될지 생각해 봅시다. '당당한' 아저씨가 불법 행위를 했다고 해서 감옥에 가둘 것이 아니라 건물을 철거해 모든 것을 원상태로 되돌려 놓고 건물을 지으면서 발생한 모든 피해, 환경 훼손을 계산해 보상하라고 할 수 있을 거예요.

수평사회 사람들은 법을 어기더라도 정말 필요할 때만, 즉 앞으로 어떤 사람이 규칙을 위반하지 않게 하려면 다른 방법이 없다고 판단될 경우에만 감옥에 가는 벌을 받아요. 범죄자라도 죄를 뉘우치고, 사회에 필요한 사람이 될 수 있도록 여러 방법을 찾으려 애쓰기 때문이죠.

피해자의 상처를 치료하려면

 '황당한' 아저씨는 얼마 전에 자동차를 도둑맞았어요. 그러니까 '황당한' 아저씨는 절도 사건의 피해자예요. 그렇다면 절도 사건의 피해자는 어떻게 보상을 받을 수 있을까요?

 대부분의 경우 피해자는 규칙이 위반되기 이전의 상황으로 되돌아가 손해를 본 금액을 보상받고 범죄자가 저지른 죄에 맞는 처벌을 받기를 원해요.

 지금 우리가 이야기하고 있는 자동차 도난 사건의 경우, '황당한' 아저씨는 자동차를 되찾기를 원하고, 경찰이 도둑을 잡아 도둑질을 한 것에 대한 벌을 받게 하면 만족하겠죠.

한 가지 상황을 더 생각해 봐요. 텔레비전에서 축구 경기 중계를 하고 있습니다. 치열한 경기가 끝나 갈 때쯤 하얀 팀 감독이 나서서 심판이 파란 팀에서 돈을 받고 파란 팀에 유리한 판정을 했다고 폭로해요. 이때 심판이 하얀 팀 감독의 말이 거짓임을 증명하면 하얀 팀 감독은 심판의 명예를 훼손* 한 것이 돼요. 하얀 팀 감독은 공식적으로 사과를 하고 자신이 한 말을 취소해야 하죠. 심판은 하얀 팀 감독의 거짓말 때문에 고통을 받았으므로 그에 대한 보상을 돈으로 받을 수 있어요. 하얀 팀 감독이 진심으로 사과한다면 심판이 입은 정신적 상처는 치유되겠지요. 하지만 안타깝게도 사과만으로 해결되는 간단한 사건만 일어나는 것은 아니랍니다.

강도를 당해 다친 사람, 혹은 술 취한 사람이 운전하는 차와 부딪혀 평생 전신마비로 살아야 하는 자전거 운전자의 경우를 생각해 보세요. 이런 경우 어떻게 해야 피해자들을 만족시킬 수 있을까요? 강도에게 맞아서 다친 몸과 마음에 생긴 병, 사고로 영영 힘을 잃은 자전거 운전자의 팔과 다리. 이런 것들은 어떻게 되돌릴 수 있을까요? 그 어떤 방법으로도 사고가 발생하기 이전의 상태로 되돌릴 수 없고, 피해자들이 잃은 것을 되돌려 줄 수 없어요. 죄를 지은 사람에게 단순히 처벌만 하고 끝나서는 안 되는 이유가 여기에 있어요. 우리는 피해자의 상처를 치료해 줄 방법을 늘 고민해야 해요.

앞에서 남아프리카공화국에서 지난 수십 년간 소수의 백인들이 다수의

흑인들을 어떻게 억압하고 학대했는지 이야기했던 것 기억나나요? 인종을 차별하는 아파르트헤이트(apartheid)* 정책은 고문과 살인도 허용하는 경우가 많았어요. 1991년에야 흑인을 차별하는 법들이 대부분 폐지되었고, 1994년이 되어서야 비로소 인종 차별 없이 모든 시민에게 투표권이 생겼답니다.

   그동안 차별받은 사람들이 자칫 그에 대한 복수를 하겠다고 나서면 무서운 전쟁이 일어날 수도 있었지만, 불공정한 제도를 수정하고 나라의 평화를 되찾는 임무를 맡은 위원회가 나서서 다행히 전쟁은 일어나지 않았어요. 위원회는 피해자와 잔인한 가해자들을 만나 대화와 토론을 하게 하고, 그동안

일어났던 일들에 대해 가해자들이 사과하도록 했죠.

　죽은 사람들이 살아 돌아올 수도 없고 고문과 부당한 행위가 너무 많았지만, 피해자들은 자신들이 당한 부당한 행동들이 널리 알려지고 짓밟혔던 존엄성이 회복되는 것을 보고 가해자들을 용서해 주었어요.

　이렇게 대화를 통해 용서를 하는 방법은 남아프리카공화국의 경우처럼 역사적인 거대한 비극에만 적용되는 것이 아니라 어린이나 청소년들, 즉 미성년자들이 규칙을 위반한 작은 사건에도 적용됩니다.

　'실수'라는 소년이 이웃집에서 도둑질을 한 사실이 밝혀졌어요. 경찰은 '실수'와 '실수'의 가족들, 도둑맞은 이웃집 가족들과 동네 주민들까지 불러 대화의 자리를 만들었어요. 거기서 '실수'는 어떻게 하다가 도둑질을 했는지 설명했고 참석자들은 상의를 했죠. 그리고 물건을 도둑맞은 피해자는 '실수'에게 벌을 주는 대신 다른 보상을 요구했어요. '실수'가 가져간 물건을 돌려주고, 여름이 끝날 때까지 매일 아침 자신의 밭에 물을 줄 것을 제안했어요. '실수'는 피해자에게 사과하고, 피해자의 요구를 받아들여 합의가 이루어졌죠.

　이 모든 과정은 피해자에게 손해를 복구하고 정신적 피해를 보상해 줄 뿐 아니라, '실수'에게 도둑질을 한 사실에 대한 부끄러운 감정을 일깨워 줘서 다시는 이런 행동을 되풀이하고 싶은 마음이 들지 않게 하는 데 필요한 일이에요. 이런 과정을 통해 '실수'는 자기가 잘못을 했다는 것을 깨닫고 그에 대한 책임감을 갖게 되죠.

　규칙이 깨지는 것은 우리 사회에 상처가 생긴 거라고 생각하면 됩니다. 피해자와 가해자가 만나서 치료하고 회복하는 것이 벌어진 상처를 다시 붙

이는 방법이에요.

　봉합 수술이 성공하면 규칙을 어긴 사람이 똑같은 실수를 반복할 확률이 떨어져요. 이런 제도가 있다면 범죄 학교가 될 수도 있는 감옥보다 규칙을 잘 지키게 만드는 데 훨씬 효율적이죠.

　이런 방법이 항상 범죄를 저지른 사람이 잘못을 뉘우치게 하는 데 늘 효과적인 것은 아니에요. 때로는 시도조차 쉽지 않죠. 예를 들면 마약을 판매하는 어떤 사람이나 돈을 아끼려고 세금을 내지 않은 사람의 경우가 그래요. 이런 일들은 피해자가 한 명이 아닌 공동체 전체라고 볼 수 있어요. 이런 문제들도 범죄를 저지른 사람들이 잘못을 뉘우치게 만들 수 있어요. 마약 판매상에게 마약 중독 때문에 가족을 잃고 슬퍼하는 사람들을 만나게 하는 거예요. 그리고 세금을 안 낸 사람에게는 시에서 학교를 지을 돈이 모자라

서 아주 허름한 건물을 빌려 수업을 하는 모습을 보여 주는 거지요.

하지만 법을 어긴 사람이 태도를 바꾸려 하지 않고 자신이 한 일을 후회하지도 않을 때는 문제를 해결하기가 무척 어려워요.

이 경우 회복 과정이 매우 길어질 수도, 아예 끝나지 않을 수도 있어요. 잘못을 한 사람이 후회하는 모습을 보이지 않으면 개인의 자유를 제한해 특정 장소에 머물러 나오지 못하게 하거나, 집에서 나오지 못하게 할 수도 있죠.

어쨌든 수평사회에서는 이렇게 자유를 제한할 때도 개인의 인격을 존중해야 해요. 예를 들어 벌을 받는 사람이 좋아하는 사람을 보고 싶다고 하면 볼 수 있게 해야 하고, 공부나 일을 하고 싶다고 해도 허락해야 해요. 그리고 필요할 경우 병원 치료도 보장해 줘야 하죠. 그리고 범법자의 자유를 제한하는 기간은 이 사람이 자신의 죄를 뉘우치는 데 필요한 정도여야 한답니

다.

> **tip**
>
> **명예 훼손**
> 공공연하게 다른 사람의 사회적 평가를 떨어뜨리는 사실이나 허위 사실을 지적하는 일.
>
> **아파르트헤이트**
> 남아프리카공화국의 극단적인 인종 차별 정책과 제도를 말한다. 유색 인종의 정치 참여 금지, 다른 인종 간의 결혼 금지 등 백인들의 특권을 유지하는 여러 제도가 있었다. 아파르트헤이트 정책에 따라 만들어진 여러 법이 1991년에 폐지되었다.

3 수평사회로 가는 길

01 세계 인권 선언

1939년에서 1945년까지 끔찍하고 긴 전쟁이 이어졌고, 수많은 국가들이 전쟁에 참전했어요. 이 전쟁이 일어나기 얼마 전인 1914년부터 1918년까지 이미 한 차례 큰 전쟁이 일어난 적이 있어서 이 전쟁을 제2차 세계대전이라고 부르죠.

전쟁이 끝난 후 사람들은 6년 동안 벌어진 끔찍한 일들을 정리하기 시작했어요. 전쟁으로 5천만 명이 넘는 사람들이 희생됐고, 런던과 베를린, 바르

샤바, 모스크바 등 수많은 주요 도시들이 파괴되거나 거의 폐허가 됐죠. 나치 수용소에서 수백만 명이 학살됐고 일본 나가사키와 히로시마에는 원자 폭탄이 투하됐어요.

전 세계는 그토록 거대한 비극이 되풀이되지 않도록 반드시 무엇인가를 해야 한다는 것을 깨달았죠.

1945년 4월 25일, 세계 50개국이 참가한 회의에서 '유엔(국제연합, United Nations)'이 창설됐어요.

유엔의 주요 임무는 전쟁을 방지하고 평화를 유지하는 거예요. 분쟁이 생겼을 때 폭력적인 방법에 의존하지 않고 문제를 해결할 수 있도록 돕고, 전 세계의 모든 사람들이 기본적인 인권과 자유권을 존중받을 수 있도록 장려한답니다.

1948년 말 유엔 총회에서는 '세계 인권 선언'을 채택했는데, 이 선언은 아주 중요한 것이었어요.

이 선언문에는 모든 인간은 인격을 가지고 자유롭고 평등하게 태어났고, 그 누구도 인종이나 피부색, 성별, 언어, 종교, 정치적 견해나 재산 때문에 차별될 수 없다고 적혀 있답니다. 그리고 모든 사람이 자유롭고 안전하게 생존할 권리를 갖고, 그 누구도 노예 상태에 놓일 수 없어요. 모든 이들이 법 앞에 평등하고 생각과 자신의 의견을 표현할 권리, 종교, 평화적인 조직을 결성할 자유도 갖고 있다고도 했죠.

그리고 누구나 재산과 직업, 가족을 가질 권리, 휴식을 취할 권리, 교육을 받을 권리, 자신의 건강을 보호받을 권리를 갖고 있다고 적혀 있어요.

여러분은 이 선언문을 보니 무슨 생각이 드나요? 우리가 수평사회에 대해 했던 이야기들이 떠오르지 않나요?

안타깝게도 이건 그냥 원칙적인 선언문일 뿐이었어요. 어떤 나라들은 세계 인권 선언에 어긋나지 않는 법률을 만들려고 애쓰기도 하지만 어떤 나라들은 이 선언문에 적힌 내용을 꼭 실천해야 할 의무는 없다고 여기기도 해요. 그래서 유엔에 소속되었는데도 세계 인권 선언문에 어긋나는 법률이나 정책을 가진 국가들이 많답니다. 여전히 성별에 따라 차별하는 법률을 가진 나라가 있는가 하면 정부 정책에 반대하는 사람을 감옥에 가두는 나라도 많아요.

현실 속에서는 모두의 인권과 평등이라는 가치를 받아들일 마음이 전혀 없는 힘 있는 사람들의 특권과 올바른 말과 올바른 생각이 충돌하고 있는 거죠. 수직사회에서 수평사회로 탈바꿈하는 것은 그리 빨리 이루어질 수 있는 일도 아니고, 쉬운 일도 아니에요. 앞으로 힘차게 노력해 나가야 하는 일이죠.

유엔 총회에서 세계 인권 선언문이 채택된 1948년은 미국에서는 노예 제도가 폐지된 지 80년 정도 지난 시점이었어요. 하지만 흑인들은 여전히 열

등한 인종 취급을 받았죠. 백인 어린이들과 흑인 어린이들의 학교가 구분돼 있었고, 버스나 기차에서 흑인들은 백인 전용 좌석에 앉을 수 없었어요. 흑인이 백인 전용 좌석에 앉았다가 경찰에 체포되기도 했죠. 흑인들은 가난한 동네에서 최악의 복지 서비스를 받으며 살았어요. 앞에서도 말했지만 남아프리카공화국에서도 거의 똑같은 일이 벌어졌죠.

   세계 인권 선언은 법이 아니어서 아무것도 강요하지 않았어요. 그저 모든 인간을 존중하라고 권장하는 것뿐이었죠. 그리고 법이었다고 해도 각 나라마다 상당히 다르게 적용됐을 거예요. 어떤 나라는 이런 법을 달갑게 받아들이지 않거나, 아예 완전히 거부했을 수도 있어요.

   세계 인권 선언이 세상에 나온 뒤 세월이 많이 흘렀고, 제2차 세계대전도 먼 이야기가 됐어요. 인류는 이 선언문이 채택됐던 역사와 이유 따위는 잊은 듯해요. 인간을 존중하는 정신이 부족해 수천, 수백만 명이 겪어야 했던 잔인한 일이나 재앙, 고통도 잊혔고, 그런 비극이 두 번 다시 반복되지 않게 해야 한다는 의무감도 사라진 것처럼 보여요. 참 안타까운 일이지요.

02 수평사회와 헌법

헌법이란 어떤 법일까요? 헌법은 국민에게는 어떤 의무와 권리가 있는지, 이를 위해 나라가 어떻게 운영되어야 할 것인지 등의 내용을 담은 가장 기본적이면서도 가장 높은 법이에요. 헌법은 모든 법과 규칙의 기본이어서 어떤 법이나 규칙도 헌법에 어긋나서는 안 돼요.

예를 들어 '대한민국헌법*'에는 국민이 가진 권리와 의무가 함께 규정되어 있답니다. 그리고 모든 국민이 평등하다고 말하고 있죠. 그래서 대한민국에 있는 어떤 법이나 규칙도 누군가를 차별하도록 만들면 안 돼요.

더 쉬운 예를 들어 볼까요? 부엌으로 가서 '헌법 케이크'를 만든다고 해 봐요. 맛있는 케이크의 재료가 밀가루, 우유, 달걀 등이라면 헌법 케이크의 재료는 '기본권'들이에요. 평등, 존엄성, 자유 등 아주 기본적인 재료들이죠. 하지만 우리가 가진 평등, 존엄성 같은 재료가 아무리 좋은 것이라 해도 조리법이나 주방 도구를 잘못 사용하면 케이크를 다 망칠 수 있어요. 헌법은 어떤 케이크를 만들어도 제대로 만들 수 있게 돕는 '기본 조리법'과 같아요. 좋은 재료를 가지고도 만드는 과정이 잘못되어 케이크를 망치는 일이 없게 해 줘요.

대한민국헌법은 나라의 권력을 세 부분으로 나누었어요. 법을 만드는 권력(입법권), 법으로 나라를 운영하는 권력(행정권), 법의 적용을 감독하는 권력(사법권)을 한곳에 치우치지 않게 해요. 언제나 국민들이 권력을 가지고, 국민들의 기본권이 보장될 수 있도록 하기 위해서예요. 어떤 권력이 만약 국민의 권리를 침해하려고 한다면 그러지 못하도록 나머지 둘이 힘을 발휘할 수 있죠.

대한민국헌법은 국민들이 어떤 권리를 누리고 어떤 의무를 가지고 있는지 밝혀 두고, 나라가 제대로 운영되도록 해 주는 기관들이 어떤 모습이어야 하는지 정확히 짚어 주죠. 또, 법률을 만드는 국회가 어떻게 구성되는지, 어떤 권한을 갖고 있는지, 법률을 만드는 임무를 맡은 사람들의 임기는 얼만큼인지, 법률을 만드는 절차는 무엇인지도 알려 주고요.

그리고 헌법은 정부와 국민들이 법을 준수하는지 확인하는 임무를 담당하는 기관인 사법부가 법과 양심에 따라 판결을 내리도록 정해 두었어요. 만약에 법관이 재판에서 판결을 내릴 때 법과 양심에 따른 것이 아니라 어떤 높은 사람이 부탁으로 판결을 내린다면 이것은 헌법에 어긋난 행동이에요.

어떤 법이나 정책이 혹시 헌법에 어긋난 것인지 아닌지를 가리기 위해 대한민국에는 헌법재판소 제도가 있고, 이 또한 헌법에 정해 두었답니다. 이렇게 헌법을 가장 높은 곳에 놓고 지키는 것은 그 무엇으로도 해쳐서는 안 되는 국민의 기본권을 지키기 위해서랍니다.

tip 대한민국헌법(1987년 개정, 1988년 2월 25일 시행)

대한민국헌법은 '제2장 국민의 권리와 의무'에서 모든 국민이 인권과 행복추구권을 가지고 있으며, 모든 국민이 법 앞에 평등하다는 것을 규정하고 있다. 또한 수평사회의 기본이 되는 자유권, 평등권, 사회권, 청구권, 참정권을 헌법으로 보장하고 있다.

- **자유권**: 국가로부터 간섭받지 않고 행동하고 생각하는 권리
- **평등권**: 차별받지 않을 권리
- **사회권**: 인간답게 살 수 있도록 국가에 요구할 수 있는 권리
- **청구권**: 국민이 국가에게 어떤 일을 해 달라고 하는 권리
- **참정권**: 국민의 한 사람으로 정치에 참여할 수 있는 권리

03 헌법에게는 멀고 힘든 길

 그렇다면 가장 높은 법인 헌법은 완벽할까요? 아마 어느 나라의 헌법도 완벽하지는 않을 거예요. 하지만 헌법 스스로는 계속 나아지기를 원할걸요. 헌법이 추구하는 것이 더 나은 세상이니까, 완벽하지 않다고 말해도 헌법은 자존심 상하지 않을 거예요. 이제까지 헌법이 살아온 인생이 순탄하지만은 않았죠. 헌법이 마구 무시된 적도 있고, 사람들의 기본권을 무시하도록 만들어진 헌법도 있었으니까요. 밀가루를 반죽하지 않고 그대로 구우라는 케

이크 조리법이 있다고 생각해 보세요. 그 케이크가 맛있겠어요?

헌법이 보호하고 있는 기본적인 권리에 대해 모르는 사람들이 아직 많아요. 나라에서 펴는 정책이 헌법에 맞는 것인지 관심이 있는 사람도 많지 않고요. 기본권을 잘 보호해 주는 강력한 헌법과 헌법에 어긋나지 않는 법률과 정책이 있어야 사회가 수평사회로 나아갈 수 있어요.

조금 걱정스러운 것은 어떤 나라들은 지난 몇 년 동안 수평사회를 향해 나아가는 것이 아니라 오히려 뒷걸음질을 해 수직사회 쪽으로 돌아가고 있는 것처럼 보인다는 거예요. 모두가 평등하다는 말을 뒤엎는 특권과 차별도 다시 나타나고 있고요.

  어떤 사람들은 아직도 수직사회에 큰 매력을 느끼고 있는 것이 아닌가 하는 걱정도 있어요. 1700년대에 고문을 가하는 것이 정당해 보였던 것처럼, 누군가는 명령을 하고 누군가는 그에 복종하는 운명에 놓여야 하는 계급제가 존재하는 것이 편하다고 생각하는 사람이 많아진 건 아닌가 하는 걱정도

해요. 어쩌면 수백 년 전에 만들어진 피라미드 형태의 사회가 더 안정적으로 느껴져서 수직사회가 정당하다고 믿는 사람이 있는지도 모르겠어요.

   수직사회의 피라미드 아래쪽에 있는 사람들은 늘 그렇게 살아왔기 때문에 수직사회를 받아들이기도 해요. 힘센 친구들에게 늘 괴롭힘을 당하는 약한 친구들이 결국은 저항하지 못하고 그냥 받아들이게 되는 경우가 있는 것처럼요. 또, 이렇게 단순한 사회가 편리하다고 생각하는 사람도 있어요. 이런 사람들은 자기들이 넓은 집과 좋은 차를 가질 수 있다면 자신의 특권이

불우한 사람들을 희생시킨다 해도 못 본 척하기 쉬워요. 그리고 책임을 떠맡지 않으려는 사람들의 태도가 수직사회를 가져오는지도 몰라요. 스스로 생각을 하고 어떤 선택을 하는 것이 싫어서 다른 사람에게 자신의 결정권을 내주는 거죠. 우리 사회는 이렇게 아주 혼란스러운 태도 때문에 법이 기

대하던 것보다 훨씬 더 수직적이고 부당하게 변할지도 몰라요. 만약 그렇게 된다면 그것은 우리 모두의 잘못이 되겠죠.

    20여 년 전 이탈리아에서는 이런 일이 있었어요. 권력을 가진 사람들이

부패해서 어마어마하게 많은 사람들이 조사를 받았죠. 밀라노에서만 5천 명이 넘는 사람들이 조사를 받았어요. 기업들이 정당 대표와 국회의원, 장관, 시장, 고위 관료들에게 뇌물을 주고 특혜를 받은 일이었어요. 당시 사건을 설명하자면, '비열한' 씨가 건설회사 대표인데, 국가에서 A 도시에서 B 도시까지 이어지는 새 고속도로를 짓는다는 소문을 들었어요. 그런데 '비열한' 씨에게는 경쟁 업체가 있었죠. 공사비도 저렴하고 공사 속도도 빠른 회사였어요. '비열한' 씨는 새 고속도로 건설 사업을 맡으려고 뇌물을 여기저기에 줬답니다.

이 사건으로 나라 전체가 굉장히 떠들썩했어요. 사람들이 신문 기사를 보고 화를 냈어요. 고위 관료, 정치가 등 사회를 지휘하는 사람들이 정직하지 못한 방법으로 범죄를 저질렀다는 것이 알려지자 다들 합법적인 제도를 도입하라고 요구했어요.

하지만 평범한 사람들까지 이 부패 사건에 관련되어 있다는 사실이 하나둘 밝혀지자 사람들의 생각이 바뀌기 시작했죠.

'교통경찰이 친구라서 내가 교통 신호를 위반했던 걸 눈감아 줬지. 벌금을 안 내게 해 준 감사 인사로 포도주 몇 병 보냈는데, 이게 나쁜 일은 아니잖아?'

'매일 아침 우리 카페에 커피를 마시러 오는 선생님이 다른 아이보다 내 딸을 더 예쁘게 봐 주는 게 그렇게 나쁜 일인가?'

이렇게 준법성에 대한 기준이 급격하게 낮아진 거예요. 다른 사람들이 법을 지켜야 할 때는 엄격하게 준법성을 이야기하지만 막상 자신이 법을 지키려니 조금 성가시게 여기는 거죠.

사람들의 기본권을 지키기 위해 앞으로 나아가는 헌법, 이런 헌법에 맞는 법률과 정책은 수평사회를 만드는 기본적인 조건이에요. 하지만 아무리 좋은 헌법과 법률이 있다 해도 구성원들이 이를 지키지 않으면 아무런 소용이 없어요. 모두가 자신의 행동에 책임을 지고 법과 규칙을 잘 지킬 때, 기본권을 지켜 주는 헌법도 효력을 발휘할 수 있어요. 그래야 수평사회를 향해 나아가는 헌법의 앞날이 조금이나마 밝아지겠지요.

04 우리는 어떤 것을 할 수 있을까요?

 벌써 이 이야기를 할 차례가 됐군요. 여기까지 읽었으면 아마 여러분은 누구나 존중받고 규칙이 모두에게 적용되고 사람들이 똑같이 자유로운 수평사회에서 사는 것이 낫겠다는 생각을 하고 있을 거예요.
 하지만 수많은 문제를 극복하고 근본적인 변화를 이루어 내기가 얼마나 어려운지도 알게 됐죠.

어쩌면 여러분 또래의 어린이들이 더 나은 세상에서 살기 위해 할 수 있는 일은 무엇이 있을까 궁금한 친구도 있을지 모르겠군요. 사실 우리 모두 작게나마 할 수 있는 것들이 상당히 많습니다.

먼저 우리 주변 사람들을 존중하는 것부터 시작할 수 있어요. 예를 들면 엄마와 아빠, 형제자매, 친구, 선생님, 학교 수위 아저씨 같은 분을 존중하세요.

스스로를 방어할 능력이 없어 약하다는 이유로 누가 친구를 괴롭히고 있으면 못 하게 말려야겠죠. 신체적 약점이 있거나 수줍음을 많이 타는 친구, 행동이 느린 친구들을 놀리고 괴롭히는 것도 절대 그냥 보고만 있으면 안 됩니다. 학교나 동네에서 약한 친구를 괴롭히는 불량 청소년이 있으면 어떻게 해야 할까요? 당연히 그러지 못 하게 말려야겠지요. 하지만 수평사회에서 우리의 궁극적인 목적은 불량 청소년에게 벌을 주거나 복수를 하는 것이 아니라 착한 행동을 하도록 유도하는 것이라는 점을 항상 기억해야 해요. 개인적인 문제가 있어서 비뚤어진 것은 아닌지 먼저 이해해 보려고 노력해야 해요. 불량 청소년들이 너무 어린 나이인 경우가 종종 있어요. 그 청소년들은 사랑과 관심을 원해서 잘못된 표현 방법을 사용한 거지요.

혹시 부모님이 청소부나 경비원, 구걸하는 사람을 무시하거나 폭력적으로 대하면 여러분이 말리세요. 그 사람들도 우리와 똑같이 누구에게도 짓밟히면 안 되는 가치와 인격을 가지고 있답니다.

그리고 항상 내가 먼저 규칙을 준수하고 다른 사람들도 지키게 해야 합니다. 쓰레기는 쓰레기통에 버리고 공원 벤치를 망가뜨리거나 더럽히지 말아야 해요. 수평사회에서는 다 함께 사는 환경을 있는 그대로 보존해야 할 소

중한 재산으로 여기거든요.

　만약 부모님이 강아지 배설물을 치우지 않고 길거리에 그대로 버려두거나, 담배꽁초를 잔디밭이나 해변에 버리거나, 자동차를 횡단보도에 주차해서 사람들이 지나다니는 데 방해가 되게 하면 여러분이 잘 설득하세요.

　어떤가요? 여러분도 할 수 있겠죠? 수평사회를 만드는 방법은 간단해요. 주변에 있는 사람들을 존중하면서 헌법을 바탕으로 한 원칙과 규칙을 따르는 것이지요.

　우리가 할 수 있는 범위 내에서 다 함께 노력하면, 우리가 사는 세상은 분명히 더 좋아질 거예요.

옮긴이 김현주

한국외국어대학교 이탈리어과를 졸업하고, 이탈리아 페루지아 국립대학과 피렌체 국립대학 언어 과정을 마쳤습니다. EBS의 교육방송 일요시네마 및 세계 명화를 번역하고 있으며, 현재 번역 에이전시 하니브릿지에서 출판 기획 및 전문 번역가로 활동하고 있습니다. 『씨앗을 지키세요』 『숫자로 상상하세요』 『옥수수를 관찰하세요』 등 여러 책을 우리말로 옮겼습니다.

나몰라 아저씨, 여기서 이러시면 안 돼요!
- 더 나은 세상으로 가는 규칙

초판 1쇄 2015년 6월 10일 | 초판 4쇄 2023년 9월 27일

글쓴이 게라르도 콜롬보 · 마리나 모르푸르고 | 그린이 일라리아 파치올리
옮긴이 김현주 | 감수 · 추천 박경신
펴낸곳 책속물고기 | 출판등록 제2021-000002호
주소 서울특별시 영등포구 양평로 157, 1112호
전화 02-322-9239(영업) 02-322-9240(편집) | 팩스 02-322-9243
책속물고기 카페 http://cafe.naver.com/bookinfish
전자메일 bookinfish@naver.com

SBN 978-89-94621-91-3 13340

이 도서의 국립중앙도서관 출판예정도서목록(CIP)은 서지정보유통지원시스템
홈페이지(http://seoji.nl.go.kr)와 국가자료공동목록시스템
(http://www.nl.go.kr/kolisnet)에서 이용하실 수 있습니다.
(CIP제어번호:CIP2015012897)

*이 책의 내용을 쓰고자 할 때는 저작권자와 출판사 양측의 허락을 받아야 합니다.
*잘못된 책은 바꾸어 드립니다.
*값은 뒤표지에 있습니다.

품명 아동 도서 | **사용연령** 10세 이상
주의사항 ◎ 종이에 베이거나 긁히지 않도록 조심하세요. ◎ 책 모서리가 날카로우니 던지거나 떨어뜨리지 마세요.
KC마크는 이 제품이 공통안전기준에 적합하였음을 의미합니다.